10대, 나의 발견

내 삶의 주인이 되기 위해 지금 던져야 할 6가지 질문

10대, 나의 발견

윤주옥 외 5인 지음

글담출판

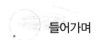

나를 발견하러
여행을 떠나 볼까요?

　삶은 종종 출구가 보이지 않는 미로에 비유되고는 합니다. 이런 미로와 관련해서 유명한 그리스·로마 신화가 있지요. 바로 크레타 왕국 미로에 사는 미노타우로스를 물리친 영웅 테세우스에 관한 이야기입니다.

　아테네는 크레타 왕국의 미노스 왕과 맺은 계약에 따라 주기적으로 선남선녀를 미노타우로스의 제물로 바쳐야 했어요. 이를 못마땅하게 여긴 아테네의 왕자 테세우스는 미노타우로스를 죽일 결심을 하고 제물이 되기를 자원했지요. 그런데 미노타우로스가 사는 미로는 다이달로스라는 그리스 최고의 장인이 만든 것으로, 일단 들어가면 밖으로 나올 수 없었습니다.

　테세우스의 이런 고민을 해결해 준 사람이 미노스 왕의 딸인 아리아드네 공주랍니다. 테세우스를 보고 첫눈에 반한 아리아드네는 다이달로스로부터 실 한 타래와 함께 미로를 빠져나오는 방법을 듣고, 테세우스에게 가르쳐 주지요. 실타래를 풀면서 미로에 들어갔다가 실을 따라 다시 나오라고요. 테세우스는 아리아드네가 알려 준 대로 미로 입구에 있는 기둥에 실을 묶고 타래를 풀면서 안으로 들어가 미노타우로스를 죽입니다. 그리고 묶인 실을 따라서 입구로 나오지요. 이렇게 해서 아테네는 소년 소녀를 재물로 바쳐야 하는 의무로부터 벗어나게 됩니다.

테세우스의 이 이야기는 '나를 발견하는 일을 왜 해야 하고 어떻게 할 수 있는가.'라는 이 책의 주제를 압축해서 전해 주는 듯합니다. 미로는 우리가 잘 모르는, 그래서 두려워하는 미지의 세계를 상징한다고 볼 수 있어요. 그런 미지의 세계인 미로 안으로 테세우스는 괴물을 물리치기 위해 뚜벅뚜벅 걸어 들어갑니다. 상상해 보면, 괴물이 언제 어디에서 나타날지 모르기 때문에 테세우스의 마음은 많이 복잡했을 것 같아요. 긴장되고 두렵고 그러면서도 약간의 호기심이 들지 않았을까요?

마찬가지로 '나'를 발견하려면 긴장되고 두렵겠지만 '나'라는 미로 안으로 들어가야 합니다. '나'는 그 어떤 곳도 아닌 바로 내 안에 있기 때문에 자기 자신을 잘 알기 위해서는 '나'라는 미로 속을 탐험해야 하지요. 그런데 '나'라는 미로를 헤매다 보면 익숙하고 편안한 모습도 만나지만, 받아들이기 힘들고 불편한 낯선 모습도 만납니다. 이 모든 모습이 '나'인 것이지요. 이렇게 '나'를 발견하는 과정은 여러 가지 얼굴을 한 자신과 마주하는 것이라고 볼 수 있어요. 그리고 다양한 얼굴을 하고 있는 '나'와 마주하기 위해서는 테세우스처럼 '아리아드네의 실'이 필요하지요.

한편 사회는 '나'를 발견하기 위해서 내면으로 모험을 떠나는 우리에게 종종 좋은 학벌, 좋은 직장, 부 등을 '아리아드네의 실'로 제시하면서 좇으라고 재촉합니다. 과연 이러한 것들이 진정 우리에게 길을 보여 줄 수 있을까요? 저는 그렇지 않다고 생각합니다. 20세기 최고의 신화학자인 조셉 캠벨은 미로 속으로 들어간 테세우스 이야기를 분석하면서 "테세우스가 가진 것이라고는 실밖에 없었다."*라고 말합니다. 너무도 정교하게 만들어져서 탈출하는 것이 불가능하다고 여겨지던 이 미로를 벗어나는 방법이 뜻밖에도 한낱 실 한 타래인 의미를 마음에 새기라는 뜻이지요. 우리에게 필요한 아리아드네의 실도 마찬가지입니다. 각자의 생김새가 다르고, 놓인 자리가 다르고, 바라고 좋아하고 잘하고 믿는 것이 다르듯이, 우리에게 필요한 '아리아드네의 실'도 아주 다양합니다. 사회가 제시하는 것들처럼 획일적이지 않지요.

이 책은 여러분이 자신만의 '아리아드네의 실'을 찾길 바라는 마음에 인문학 분야를 공부하는 선생님들이 뜻을 모아 쓴 책입니다. 특히 저는 이 책의 탄생에 책임이 있습니다. 인문학은 사람을 이해하는 학문이에요. 사람을 이해하는 출발점은 바로 자신이고요. 다시 말해 인문

* 조셉 캠벨, 빌 모이어스 공저, 「신화의 힘」, 이윤기 옮김, 이끌리오, 2002, P275.

학을 통해서 우리는 '나'를 이해하고 더 나아가 다른 사람까지 이해할 수 있는 것이지요. 그래서 저는 연세대학교 인문학연구원에서 인문학자로 공부하는 동안 10대 청소년들이 자신을 이해하고 받아들이는 데 인문학으로 어떤 도움을 줄 수 있을까 고민했습니다. 그리고 동료 선생님들과 뜻을 모아 1년에 두 번 청소년들을 위한 인문학강좌를 개최했지요. 2013~2014년에는 '나의 발견'이라는 주제로 청소년 인문학강좌를 열었습니다. 이 책『10대, 나의 발견』은 그 강좌를 기초로 집필된 것이지요.

삶은 결국 자신을 발견해 가는 여행인 것 같습니다. 여행은 사람마다 출발점도 다르고, 여행을 하는 방식도 다르고, 도착 시점도 다르다는 것이 가장 큰 묘미이지요. 자신을 알아 가는 여행 역시 어떤 사람은 심리학을 통해서, 어떤 사람은 문화학을 통해서, 또 어떤 사람은 언어학, 문학, 혹은 철학을 통해야 더 잘할 수 있을 것입니다. 모쪼록 이 책이 자기 자신을 찾아가는 여러분의 여행에서 때로는 길동무가, 때로는 길잡이가, 때로는 스승이 되길 기대해 봅니다. 그럼, '나의 발견'이라는 이 책의 주제를 열심히 고민한 선생님들을 믿고 자신의 미로에 꼭 맞는 '아리아드네의 실'을 찾으러 여행을 떠나 볼까요?

2017년 8월에 저자들을 대표하여
윤주옥 드림

차례

들어가며

Chapter 01   인문학
....

내 삶의 주인이 되기 위한 첫걸음
'나'의 발견

Chapter 02   심리학
....

뇌를 분석하면
'몰랐던 나의 마음'을 알 수 있어요

Chapter 03   문화학
....

다른 문화를 통해 멀리 보면
'있는 그대로의 나'를 볼 수 있어요

Chapter 04 언어학

내가 사용하는 말을 살펴보면
'나의 사고방식'을 알 수 있어요

Chapter 05 국문학

글쓰기로
'또 다른 나'를 만나 보아요

Chapter 06 철학

올곧은 질문 하나가
'나의 미래'를 바꿔요

세상에서 가장 알기 어려운 것이 바로 '나'인 것 같아요. 어른이 되어도 마찬가지이죠. 그렇다고 자기 발견을 미룬다거나 내가 원하는 것을 알려고 하지 않으면 안 돼요. 그에 대한 대가는 언젠가 돌아오기 마련이거든요. 내가 주체적인 삶을 살아가기 위해서는 스스로에게 '나는 누구인가?'라고 계속 물어보아야 합니다.

— 윤주옥 선생님

내 삶의 주인이 되기 위한 첫걸음
'나'의 발견

누구나
'나'를 발견하는 것은 어려워요

여러분은 자기 발견을 시도하고 있나요?

▼

'나'의 발견에 대한 이야기를 본격적으로 시작하기 전에 19세기 독일 작가인 헤르만 헤세가 쓴 『데미안』의 주인공 싱클레어의 이야기를 잠깐 들려 드릴까 합니다. 이 책을 아직 읽어 보지 않은 청소년들은 꼭 읽어 보길 바랍니다. 『데미안』의 주인공 싱클레어라는 순수하고 풋풋한 사춘기 소년이 어떻게 청년으로 성장하는지 읽어 보면 여러분이 공감할 만한 순간들이 많으리라 생각하기 때문입니다. 그리고 나중에 20대, 30대, 그리고 저처럼 40대가 되어서 다시 읽어 보세요. 대부분의 고전 작품이 그러하듯이 이 책 역시 여러분이 삶에서 어떤 순간을 넘어가고 있느냐에 따라 싱클레어의 경험과 그가 하는 말이 다르게 느껴질 것입니다. 이 책의 앞머리에서 싱클레어는 다음과 같이 독백합니다.

> 나는 오로지 내 안에서 저절로 우러나오는 것에 따라 살아가려 했을 뿐, 그것이 어째서 그리도 어려웠을까? …… 모든 사람의 삶은 제각기 자기 자신에게로 이르는 길이다. …… 누구도 온전히 자기 자신이 되어 본 적이 없건만, 누구나 자기 자신이 되려고 애쓴다.*

이렇게 멋진 말을 하는 싱클레어는 이제 더 이상 10대 초반의 어리고 순진한 소년이 아닙니다. 전쟁에 참가해서 부상을 당한, 그리고 그 전쟁에서 10대 시절을 함께 보낸 절친한 친구이자 인생의 안내자였던 막스 데미안을 잃은 10대 후반 혹은 20대 초반의 상처 입은 청년이지요.

자, 이제 싱클레어의 말을 받아서 여러분에게 두 가지 질문을 해 볼까 합니다. 여러분은 자신 안에서 '저절로 우러나오는 것'에 따라 살아 본 적이 있나요? '자기 자신이 되기' 위해서 진심으로 애써 본

---

* 헤르만 헤세, 『데미안』, 안인희 옮김, 문학동네, 2013. pp7~9.

적이 있나요? 만약 이 질문들에 "네."라고 자신 있게 답할 수 있다면 장하다고 말해 주고 싶어요. 여러분과 다르게 우리나라의 대다수 청소년들은 좋은 대학에 가기 위해서 공부하느라 너무 바쁘고 지친 나머지 정작 자신 안에서 '저절로 우러나오는 것'에 대해 느껴 보거나 생각해 볼 여유가 없거든요. 마치 파도에 떠밀리듯 어른이 되어 가고 있지요.

어른이 되기만 하면 원하는 대로 살 수 있을까요?
▼

그럼 대학생들은 진짜 자기 자신을 알고 있을까요? 대학생이 되기만 하면 자신이 무엇을 원하는지 저절로 알게 될까요? 저는 대학교에서 영문학을 가르치고 있는데요, 제가 만나 본 대부분의 대학생들은 입학하자마자 '졸업한 다음에 어떻게, 무얼 해서 먹고살지?'를 걱정합니다. 그리고 안정적인 직장을 구하기 위해서 학점을 관리하고, 어학연수를 다녀오고, 각종 자격증을 따고, 인턴으로 일하는 등 소위 '스펙'을 쌓느라 정작 자신이 진짜로 무엇을 원하는지 알지 못하는 경우가 많아요.

혹시 '대2병'이라고 들어 보았나요? 대2병은 대학교 2학년생들이 '앞으로 어떻게 살아가야 할까?'를 고민하며 겪게 되는 무기력증과 우울증을 일컫는 신조어예요. 어떤 대학에 다니는지 상관없이 많은 언니 오빠들이 이 병을 앓는다고 합니다. 본격적으로 전공 수업을 듣는 대학교 2학년 때부터 수업의 난도는 높아지고, 과제나 시험은 훨씬 많아지는데 '아니, 이게 영문학이었어? 내가 기대한 영문학은 이런 게 아니었는데……, 이럴 거면 영문과에 오는 게 아니었는데……'와 같은 실망감 내지 당혹감을 느끼기 때문이에요. 수업 시간에 자신만 이해를 못하는 것 같아 열등감도 느끼고요. 증세가 심한 경우에는 휴학까지 결심한다고 하네요. 특히 자신이 어떤 주제에 관심이 있는지, 장차 어떤 일을 하고 싶은지 생각해 보지 않고, '좋은 대학' '좋은 학과' '취직 잘되는 학과'를 선택한 학생일수록 그렇다고 해요.

그럼 이렇게 물어보는 사람이 있겠죠. "스트레스만 받던 대학 생활에서 벗어나 취업만 하면 다 나아지는 것 아닌가요?" "어차피 적성과 상관없이 남들이 말하는 좋은 직장에 들어가기만 하면 되는 것 아닌가요?" 절대로 그렇지 않습니다. 자기 발견을 유보한 결과는 언젠가 돌아오기 마련입니다. 언론 기사에 따르면 힘들게 들어간 첫 직장을 1년도 다 채우지 못하고 그만두는 20대 중후반 젊은이들이 해마다 점점 늘어난다고 해요. 3년 동안 한 직장을 꾸준히 다니지 못하는 사람 또한 열 명 중 여섯 명 꼴이라고 합니다. 좋은 직장에만 들어가면 모든 게 괜찮아질 줄 알았지만 자신이 직장에서 하고 있는 일이 정말 원하던 것이 맞는지 혼란을 느끼는 것이죠. 그리고 고민

끝에 결국 직장을 그만두는 것이고요.

어떤 사람들은 요즘 젊은이들이 인내심이 부족하고 편한 것만 찾아서 이런 현상이 일어난다고 말합니다. 하지만 10대 초반부터 20대 중후반까지, 10년 넘게 '입시 지옥'과 '취업 전쟁'을 치러 낸 젊은이들이 정말 인내심이 부족하고 편한 것만 찾기 때문에 죽을힘을 다해 들어간 직장을 그만두는 것일까요? 저는 그렇지 않다고 봅니다.

세상에서 가장 알기 어려운 나의 마음

▼

21세기 한국에서 10대를 살고 있는 독자 여러분, 여러분이나 여러분의 선배들이 경험하고 있는 상황과는 사뭇 다르겠지만 위로가 되는 점은 싱클레어 역시 자신 안에서 저절로 우러나오는 것에 따라 사는 것이 참 어려웠다고 고백한다는 것입니다. 솔직히 제가 앞에서 던진 질문은 여러분뿐만 아니라 부모님과 선생님처럼 '인생의 고수' 같은 어른들도 쉽게 대답하기 어려워요. 왜냐하면 대부분의 사람들이 밖에서 일어나는 일에 너무 많은 에너지와 관심, 시간을 쏟는 나머지 자신의 내면에서 어떤 일이 일어나는지 살펴볼 여유가 없기 때문이죠.

우리 자신의 생각과 감정 그리고 육체는 물리적, 사회적, 문화적, 정서적 조건 등에 맞춰 계속 변화합니다. 우리를 인간으로서 존재하게 하는 이러한 조건들이 때로는 우리가 자기 자신이 되는 일을 힘들게 만들지요. 조금 어렵다고요? 그럼 자신에게 다음처럼 질문해 보세요.

지금 이 순간의 나는 오늘 아침의 나, 어제 저녁의 나와 같을까?

내가 느끼는 생각과 감정들은 어떻게 생길까?

나는 내 생각들을 아무런 거부감 없이 받아들이고 있는 것일까?

나를 불편하고 화나게 하는 생각은 왜 내 안에서 나올까?

어때요? 생각보다 답하기 어렵지요? 이 질문들에 답하기 위해서는 자신의 마음을 잘 알아야 합니다. 하지만 세상에서 가장 알기 어려운 것이 자신의 마음인 것 같습니다.

내 마음은
왜 알기 힘들까요?

여러분의 마음속 나침반은 어디를 향하고 있나요?

▼

여러분은 자신의 '마음'을 얼마나 잘 알고 있나요? 잘 모르겠다고요? 낙담하지 마세요. 저나 여러분뿐만 아니라 많은 사람들이 자신의 진짜 마음을 모르는 경우가 많으니까요.

여기에 나침반 그림이 하나 있어요. 이 나침반은 북쪽과 남쪽을 가리키도록 만들어진 일반적인 나침반이 아니랍니다. 영화 〈캐리비안의 해적〉 시리즈의 주인공 중 한 명인 잭 스패로우 선장이 항상 지니고 다니는 마법의 나침반이에요. 저는 이 영화를 참 좋아하는데요, 재미와 배울 거리가 잘 어우러져서 딸아이가 어릴 때부터 함께 여러

번 보았어요.

　최근에 시리즈 두 번째 편인 〈캐리비안의 해적-망자의 함〉을 다시 보았어요. 여러분도 혹시 이 영화를 보았다면 저와 함께 기억을 더듬어 보세요. 윌 터너가 자신의 약혼녀인 엘리자베스 스완을 구하기 위해 잭과 함께 유명한 여자 주술사 티아 달마를 찾아가서 도움을 청하는 장면이 있지요? 그때 윌이 지도 하나를 보여 주면서 망자의 함을 찾을 수 있는 길을 묻자 티아가 잭에게 묻습니다. "당신이 지니고 다니는 나침반이 길을 안내해 주지 않나요?" 그렇습니다. 이 나침반은 잭의 마음, 잭이 진심으로 바라는 것을 가리켜요. 하지만 잭이 스스로 무엇을 원하는지 모르기 때문에 나침반이 길을 보여 주지 않은 것이죠.

　영화의 다른 장면에서 '문어 아저씨'인 데비 존스가 대왕 문어 크라켄을 보내 블랙펄호와 부하들을 무참히 공격합니다. 생명에 위협을 느낀 잭은 혼자서 작은 보트를 타고 몰래 도망치지요. 하지만 열심히 노를 저어 도망가던 잭은 눈앞에 보이는 육지와 뒤에서 침몰해 가는 자신의 배 사이에서 갑자기 멈춥니다. 그러고는 나침반을 꺼내서 바늘이 어디를 가리키는지 보지요. 나침반은 정확하게 블랙펄을 가리킵니다. 잭에게 블랙펄은 자신의 목숨만큼 소중했던 것이지요.

절박한 순간이 되어서야 자신이 진정으로 원하는 것이 무엇인지 깨닫게 된 것입니다. 결국 잭은 블랙펄로 돌아와 크라켄에 맞서서 용감하게 싸웁니다. 마음이 진정 원하는 것을 따랐기 때문에 죽음에 대한 두려움과 맞설 수 있게 된 것이죠. 그런 잭의 진심이 전해져서인지 저는 영화 끝에서 잭이 자신의 배와 함께 바닷속으로 침몰하는 장면을 볼 때면 코끝이 찡합니다.

내 마음이 다른 사람의 마음일 수도 있어요
▼

지금 여러분이 원하는 것이 정말로 여러분 자신이 원하는 것이 맞나요? 어떻게 확신할 수 있지요? 아닐 가능성도 있지 않을까요? 혹시 자신이 아닌 다른 누군가의 마음을 자신의 마음이라고 믿고 있지는 않나요?

마음은 종종 '이중간첩' 역할을 한다고 합니다.* 사실 우리가 온전히 자신의 것이라고 믿는 마음은 국가, 사회, 공동체, 학교, 가족, 문화, 미디어의 영향을 많이 받아요. 그들이 만들어 낸 가치관, 믿음, 욕심, 강요 등을 자신도 모르게 받아들여서 생긴 것이 내 마음이 되

* 유발 하라리, 『사피엔스』, 조현욱 옮김, 김영사, 2015, p. 172.

지요. 즉 내 마음이라고 믿었던 것이 실은 내가 아닌 다른 누군가의 마음일 수도 있다는 이야기입니다.

많은 사람들이 남의 마음을 자신의 마음으로 믿고 살고 있어요. 특히 자신이 속한 공동체에서 좋다고 판단한 것일수록 별다른 의문 없이 따르는 경우가 많지요. 간혹 어른들은 "내가 살아 보니 이게 좋더라."라고 말합니다. 그런데 어른들에게 좋은 것이 나에게도 반드시 좋을까요?

자기 발견을
미루면 어떻게 될까요?

중세 아이돌, 밀룬

▼

지금부터 남의 마음을 자신의 마음이라 믿었던 한 10대 청년의 이야기를 들려 드릴게요. 제가 주로 가르치는 과목은 10세기에서 15세기에 쓰인 중세 문학입니다. 이 시기의 작가 중에는 12세기 후반에 영국 왕실을 중심으로 활동한 마리 드 프랑스라는 귀족 여성 작가가 있었어요. 제가 다루고자 하는 『밀룬』은 그녀가 쓴 열두 편의 짧은 이야기 중 하나예요.

여러분은 중세 기사에 대해서 들어 보셨을 거예요. 엑스칼리버라는 명검을 지니고 원탁의 기사 150명을 두었다는 아서 왕과, 그런

아서 왕의 오른팔에 해당하는 란셀럿 경이 대표적인 중세 시대 기사들이지요.

『밀룬』의 주인공 밀룬 역시 기사입니다. 평범한 기사가 아니라 마창 시합에서 한번도 져본 적이 없는 백전백승의 기사이지요. 중세 시대 남성들이 주로 10대 중후반에 기사 작위를 받은 것을 생각해 보면 밀룬은 여러분 나이에 이미 세상에 이름을 떨친 기사가 된 것이에요. 정말 대단하지 않나요? 게다가 예의도 바르고 인품도 좋아서 잉글랜드, 스코틀랜드, 아일랜드, 멀리 북유럽의 여러 나라에까지 '훌륭한 기사'로 이름을 날리며 많은 사람들의 관심과 사랑을

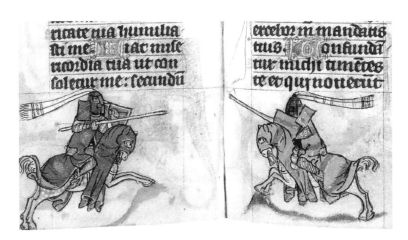

13세기 '자우스팅'의 한 장면입니다. 자우스팅이란 그림처럼 무장한 두 기사가 서로를 향해 전력으로 말을 몰아 상대방을 말에서 떨어뜨리는 마창 시합을 말합니다.

받는 인물이 됩니다.

저는 이렇게 10대에 명성을 얻은 밀룬을 종종 '중세의 아이돌'이라고 부릅니다. 오늘날 많은 아이돌들이 노래와 춤으로 국경을 넘어 여러 문화권에서 인기를 누리듯이 밀룬 역시 중세 시대 최고의 가치로 여겨지던 기사도를 몸소 보여 주는 인물로서 여러 나라에서 인기를 얻었으니까요.

많은 아이돌들이 길고 힘든 연습생 시절을 거쳐서 데뷔한다고 합니다. 자신의 재능, 자신이 원하는 것을 이루기 위해서 힘든 훈련 과정을 견뎌 내는 걸 보면 정말 대견하다는 생각이 들어요. 많은 10대 청소년들은 정작 자신들이 무엇을 원하는지 생각해 볼 겨를도 없이 무거운 책가방을 메고 학교와 학원을 전전하는데 말입니다.

하지만 아이돌들 역시 연습생 시절에는 훈련받느라, 그리고 유명해지고 나서는 바쁜 스케줄 때문에, 자신의 마음을 챙겨 볼 여유가 없지 않을까 생각합니다. 그래서 본인이 생각하는 자신의 모습과 대중이 사랑해 주는 모습 사이의 간격 때문에 자신이 진정으로 원하는 것이 무엇인지 알지 못하고 혼란스러워할 수도 있지 않을까요? 때로는 대중이 만들어 준 자신의 이미지를 진정한 자신이라고 믿을 수도 있고요. 마치 우리의 주인공 밀룬처럼요.

중세 아이돌과 일반인의 비밀스러운 사랑

▼

다시 밀룬 이야기로 돌아가 볼까요? 얼마 지나지 않아 10대에 이미 최고의 기사가 되어 여러 나라에서 인기를 누리는 아이돌 밀룬을 특별하게 사랑하는 아름다운 귀족 여성이 등장합니다. 작가는 그녀의 이름과 나이를 밝히지 않아요. 하지만 그녀에 대한 묘사를 통해 우리는 그녀가 10대 초중반이라는 점을 짐작할 수 있어요. 생물학적으로는 10대 '소녀'이지만 사회적으로는 성년인 '여성'으로 말이지요. 중세 시대 서양에서 남성은 열두 살, 여성은 열네 살이 되면 성인으로 인정받아서 결혼을 할 수 있었거든요.

이 여성은 밀룬에 대한 소문을 듣고 그를 사랑하게 됩니다. 중세 문학에는 이처럼 누군가에 대한 입소문만 듣고도 상대방을 사랑하는 인물들이 종종 등장합니다. 저는 가끔 학생들에게 묻습니다. "누군가를 직접 보지 않고도 사랑하는 것이 가능한가요?"라고 말입니다. 여러분은 어떻게 생각하세요?

아무튼 이 여성은 밀룬에게 자신의 집사를 보내 사랑을 대신 고백하고 연인이 되어 달라고 청합니다. 중세 시대에는 주로 남성이 여성에게 사랑을 고백하고 청혼을 했어요. 또한 귀족 자녀들은 비슷한 집안과 정략적으로 결혼을 약속했지요. 이런 점을 고려할 때, 그녀의 사랑 고백은 상당히 파격적입니다. 하지만 밀룬은 그런 그녀의 고백을 기쁘게 받아들입니다. 그리고 그 증표로 자신의 반지를 보내지요. 하지만 조건을 하나 달아요. 바로 그들의 사랑을 '비밀'로 유지해야 한다는 거였어요. 여성은 그 조건을 받아들입니다. 그리고 밀룬이 연인의 정원으로 찾아오면서 둘은 사랑을 나누게 되지요.

하지만 얼마 지나지 않아 예상치 못한 상황이 발생합니다. 그녀가 아기를 갖게 된 것이지요. 결혼도 하지 않은 상태에서 임신한 그녀는 걱정에 가득 차서 밀룬에게 어떻게 하면 좋겠느냐고 묻습니다. 실망스럽게도 밀룬은 "당신 뜻에 따르겠소."라고 대답하지요.

왜 실망스럽냐고요? 보통은 "우리 결혼합시다. 당신의 아버지를 만나 뵙고 결혼을 허락해 달라고 청하겠소."라고 답해야 하거든요. 밀룬과 연인은 신분이 비슷한 미혼의 성인이고, 무엇보다 밀룬이 유명하고 훌륭한 기사이기 때문에 그녀의 아버지가 결혼을 반대할 이유가 없었으니까요. 그렇기에 그녀 역시 당연히 밀룬과 결혼할 것으로 기대했겠지요. 하지만 "당신 뜻에 따르겠소."라는 대답이라니, 그녀에게는 뜻밖의 충격으로 다가왔을 겁니다. '나는 당신과 결혼할 마음이 없습니다.'라는 뜻을 에둘러 표현한 것이니까요.

남은 생애를 후회하며 산 밀룬
▼

수업 시간에 이 작품을 읽으면 대부분의 학생들은 밀룬이 무책임하고, 비겁하고, 남자답지 못하다고 합니다. 기사도를 완벽하게 갖춘 것으로 알려진 밀룬이 자신의 연인에게 전혀 기사답지 못한 행동을 했기 때문이죠. 밀룬은 그녀를 진실하게 사랑하지 않았던 것일까요? 아니면 아이돌인 자신의 이미지를 잃을까 봐 두려웠던 것일까요?

밀룬이 연인의 사랑을 받아들이면서 내건 조건을 살펴보면 밀룬의 마음을 어느 정도 짐작해 볼 수 있어요. 우선 그녀와의 관계를 비밀로 유지하고 싶어 한다는 점에서 밀룬은 사랑이라는 감정보다 서유럽 최고의 기사라는 명예를 우선시하는 것 같지요? 또한 갓 태어난 아기를 비밀리에 멀리 떠나보내 이모가 키우게 하고, 정작 자신은 이름을 더욱 널리 알리기 위해 연인을 남겨둔 채 외국으로 원정을 떠나 버린다는 점에서 더욱 그러하죠. 한 여인의 사랑보다 수많은 사람들이 인정해 주는 기사로서의 모험과 영예를 선택한 거예요.

시간이 흘러 원정에서 돌아온 밀룬은 그녀가 다른 사람의 아내가 되었다는 사실을 알게 됩니다. 그제서야 자신이 진정으로 그녀를 사랑한다는 것을 깨닫지요. 결국 밀룬은 어느 여성과도 결혼하지 않고 20년을 홀로 살아가요. 지금도 20년은 긴 시간이지만, 평균 수명이 40세도 안되던 중세 시대에는 정말로 긴 시간이었죠. 달리 말해서, 밀룬은 남은 평생 동안 자신의 선택을 후회하면서 사랑하는 연인을 그리워한 거예요.

만약 밀룬이 진정 자신이 원하는 것은 남들이 인정하는 최고의 기사라는 칭호나 명예가 아니라 한 여인의 사랑이라는 것을 처음부터 알았더라면 어떻게 되었을까요? 아마도 반평생 연인을 그리워하고 괴로워하면서 보내지는 않았을 거예요. 여러분은 어떠세요? 혹시 다른 사람에게 보여 주기 위해서, 다른 사람들이 만들어 놓은 기준이나 틀에 맞추느라, 다른 사람의 기대에 부응하느라, 정작 자신의 마음이 가리키는 것을 놓치고 있지는 않나요?

'나'에게서
도망치기는 불가능해요

운명을 피해 도망간 오이디푸스

▼

그리스 비극 『오이디푸스 왕』 이야기를 해볼까 합니다. 이야기는 테베의 왕인 라이오스가 신탁을 받으면서 시작됩니다. 곧 태어날 아기가 아버지인 자신을 죽이고 자신의 아내이자 아기의 어머니인 왕비 이오카스테를 아내로 삼게 될 거라는 내용이었지요. 너무 놀란 왕과 왕비는 아기를 버리기로 결심합니다. 도망가지 못하게 아기의 발꿈치를 대못으로 꿴 다음 하인을 시켜서 황야에 내버려 죽게 하지요. 하지만 아기는 코린트에서 온 목동이 발견하여 목숨을 부지하고, 자녀가 없던 코린트의 왕과 왕비에게 입양됩니다.

시간이 흘러 오이디푸스는 왕궁으로 찾아온 나그네가 자신이 왕과 왕비의 친아들이 아니라고 하는 말을 듣게 돼요. 그리고 진실을 알고 싶은 마음에 델포이로 달려가지요. 그곳에서 그는 뜻밖의 신탁을 받게 됩니다. 자신이 아버지를 죽이고 어머니를 아내로 취할 거라는 내용이었지요. 오이디푸스는 이 신탁이 이루어지는 것을 막기 위해서 도망을 갑니다. 그 길에 마차를 탄 어떤 노인이 길을 비키지 않는다며 채찍으로 정수리를 때리자 분개한 나머지 그 노인을 칼로

『오이디푸스 왕』은 고대 그리스 아테네 출신의 극작가 소포클레스가 기원전 5세기에 발표한 작품이며 대표적인 그리스 비극으로 꼽힙니다.

처서 죽이게 되지요.

그리고 테베로 와서 스핑크스의 수수께끼를 풀고 미망인인 왕비와 결혼하게 됩니다. 이렇게 오이디푸스는 자기도 모르는 사이에 신탁을 이루게 된 것이지요. 그가 길에서 죽인 노인이 바로 친아버지인 라이오스였고, 자신의 아내가 된 미망인 왕비가 라이오스의 아내이자 자신의 친어머니였거든요.

나의 어두운 면도 마주할 줄 알아야 진정한 자기 발견
▼

수업 시간에 오이디푸스의 이야기를 읽으면 많은 학생들이 '운명'이라는 단어를 떠올립니다. 그런데 오이디푸스나 그의 친부모는 자신들의 운명을 '선택한' 것이 아닐까요? 어떻게 운명을 선택하느냐고요? 여기서 질문을 하나 던져 볼게요. 만약 오이디푸스의 친부모가 신탁을 듣고도 아기를 버리지 않았다면 그들과 오이디푸스에게는 무슨 일이 일어났을까요? 우리가 아는 결말과 똑같았을까요?

정답은 아무도 모릅니다. 다만 한 가지 분명한 것은 만약 오이디푸스를 그들 손으로 키웠다면 적어도 아들이 아버지와 어머니의 얼굴은 알아보았을 거라는 점입니다. 적어도 똑같은 비극적인 결말은 일어나지 않았겠지요. 그러니 오이디푸스의 친부모가 신탁을 믿고 아들을 버리기로 선택하면서 자신들의 운명 또한 선택한 것으로 볼 수 있지 않을까요?

이런 면에서 저는 "아들이 아버지를 죽이고 어머니를 아내로 삼을 것이다."라는 이 무시무시한 신탁을 문자 그대로 받아들이는 대신에 하나의 상징으로 보려 합니다. 라이오스나 오이디푸스가 겪은 것처럼 받아들이기에는 너무 힘든 부정적인 감정, 생각, 경험, 기억, 사건 등으로 말이죠.

자신감 넘치고, 성공적이고, 자랑스러운 모습만 '나'로 인정하고, 어둡고, 두렵고, 부끄럽고, 실수투성이인 모습은 '나'로 인정하지 않는다면 사는 것이 얼마나 편할까요? 하지만 완벽한 인간은 없습니다. 인간이라면 누구나 숨기고 싶은 결점이 있기 마련이에요. 성자聖者조차 자신들의 어두운 면을 마주할 때에는 힘들다고 고백합니다. 하물며 평범한 우리들이야 말할 필요도 없겠지요. 마음을 힘들게 하는 감정, 생각, 기억 등이 내면에서 올라오면 보통 그것을 부정하거나 억누르고는 하죠.

하지만 그런 도피는 임시방편일 뿐입니다. 오이디푸스가 신탁을 피해 도망을 치지만 결국 자신도 모르게 신탁을 이루게 되는 것처럼 말입니다. 이런 점에서 『오이디푸스 왕』은 자신의 마음과 생각이 어디를 향하고 있는지 솔직하게 바라보고 받아들이지 않으면 삶의 어디에선가는 반드시 다시 마주하게 된다는 메시지를 담고 있다고 볼 수 있습니다.

자기 발견은
단숨에 완성할 수 없어요

내 삶의 주인이 되기 위한 첫 질문

▼

삶에는 정답이 없는 것 같아요. 대신에 모든 삶이 있는 그대로 의미 있고 소중하다는 생각이 듭니다. 자신의 인생을 잘못 살고 싶은 사람은 아무도 없어요. 하지만 정말 삶을 의미 있고 멋있게 잘 살고 싶다면 여러분 나이 때부터 꼭 자신의 마음을 들여다보는 연습을 하라고 말씀드리고 싶어요. 그래야 밀룬처럼 사랑을 잃고 반평생을 외롭게 살지 않습니다. 오이디푸스나 그의 부모님처럼 받아들이기 힘든 자신의 모습으로부터 도망치지 않고 삶에 의연하게 대처할 수 있고요.

저는 여러분과 같은 10대 딸을 둔 엄마이자 선생님이며, 더 이상 미혹되지 않는 나이라는 불혹도 한참 전에 지났습니다. 하지만 저는 여전히 제 자신에게 질문을 합니다. "마음아, 너는 지금 어디를 향하고 있니?"라고요. 아마도 제가 삶을 마감하는 순간까지 그럴 겁니다. 왜냐하면 저라는 존재에 대해서 더 많이 알고 싶고, 저의 인생을 의미 있게 살고 싶으니까요. 싱클레어 역시 삶 자체가 자기 자신이 되어 가는 과정이라고 말합니다. 자기 자신이 되는 일은 어느 한순간에 갑자기 이루어지는 것이 아니라 전 생애에 걸쳐 이루어지는 여정이라는 뜻이지요.

그렇기에 저는 대2병을 겪는 대학생들, 어렵게 들어간 직장을 그만두는 청년들의 선택은 실패가 아니라 '있는 그대로의 자기 자신 되기'의 시작이라고 생각합니다. 남들이 보기에 '좋은 대학' '좋은 학과' '좋은 직장'에 다니는 것이 온전히 자기 자신이 되는 것이 아님을 깨닫고 오래전부터 미뤄 온 '자기 찾기'라는 여정을 마침내 시작한 것이지요.

'자기 발견'의 여정이 힘들 때마다 이 책을 읽어 보세요
▼

자기 자신에게 질문을 던지고, 자신이 원하는 답을 찾는다 하더라도 그 선택이 흔들리는 상황을 마주할 수 있어요. 때로는 질문을 던진다 해도 바로 답을 찾지 못할 수도 있고요. 그럼에도 '나' 자신을 알아 가는 여정을 포기해서는 안 됩니다.

이 책은 그런 자신의 마음을 처음 들여다보는, 마음을 들여다보는 연습이 어려운, 안다고 생각했지만 확신할 수 없는, 혹은 이미 자기 발견의 여정을 한참 진행 중인 여러분 모두에게 도움이 되기를 바라는 마음으로 썼습니다. '왜 나 자신을 제대로 알아야 하는지' '왜 나를 아는 것이 힘든지' '어떻게 해야 나를 제대로 알 수 있는지' 등에 대해서 여러 인문학 분야의 전문가 선생님들이 해답을 찾고자 힘을 보탰고요. 그럼 본격적으로 자기 발견의 여정을 떠나 볼까요?

심리학은 인간의 마음과 행동을 과학적으로 연구하는 학문입니다. 아리송한 사람의 마음을 어떻게 과학적으로 분석하냐고요? 심리학은 '기억'이 나를 형성하는 데 깊은 영향을 끼친다고 봅니다. 지금까지 살면서 어떤 경험을 했는지에 따라 의미 있는 기억이 달라지고 궁극적으로 내가 달라진다고 말이죠. 이렇게 심리학은 과학적인 방법을 통해 나를 살펴보고 내가 미처 몰랐던 모습들을 발견해 나갑니다.

– 김민식 선생님

뇌를 분석하면
'몰랐던 나의 마음'을 알 수 있어요

심리학은
어떤 학문일까요?

심리학은 '인간'에 관심을 갖는 과학적인 인문학이에요
▼

여러분은 '심리학' 하면 무엇이 떠오르나요? 독심술? 프로이트? 범죄 심리? 사실 여러분에게 심리학이라는 학문은 생소하게 느껴질 겁니다. 대부분의 중·고등학교에서는 심리학을 가르치지 않거든요. 그래서 저는 '심리학으로 어떻게 나를 알 수 있는지'를 설명하기 전에 우선 심리학을 소개하려고 해요.

간단하게 정의하면 심리학은 인간의 마음과 행동을 과학적으로 연구하는 학문입니다. 사실 인간의 마음에 관심을 갖고 있는 학문은 많아요. 예술, 문학, 언어학, 철학, 역사학 등 인문 예술 분야는 인간에 대해 깊은 관심을 갖고 있지요. 하지만 심리학은 이런 인문 예술과 다르게 과학적인 방법을 사용한다는 점이 특이해요.

심리학은 생겨난 지 얼마 되지 않은 학문입니다. 많은 심리학자들은 빌헬름 분트가 독일 라이프치히 대학에 세계 최초로 심리학 실험실을 만든 1879년을 심리학이 탄생한 해로 생각합니다. 인간의 마음에 대해 책상 앞에서 곰곰이 생각만 하는 것에서 벗어나 체계적인 관찰과 실험, 객관적인 데이터에 근거해 연구해야 한다는 생각 아래 철학에서 본격적으로 독립한 시기거든요. 예를 들어 분트 이전에는 '불쾌감이 어떻게 형성되고 작용하는가?'에 관한 질문을 두고 불쾌감이란 어떤 것인지 철학적으로 토론했어요. 그러다가 분트가 등장하면서 실험이나 관찰을 통해 불쾌감을 자세히 기록하고 분석하기 시작한 것이지요.

이외에도 심리학은 인간이 어떻게 색, 형태, 거리를 지각하는지, 어떻게 타인의 얼굴과 목소리를 구별하는지, 무엇에 관심 있어 하고 무엇을 주로 기억하는지, 그리고 어떻게 생각하고 느끼는지를 연구합니다. 또한 여러분이 아는 것처럼 마음을 다친 사람들을 진단하고 치료합니다. 더 나아가 태어나면서부터 일생을 통해 나타나는 마음의 변화, 남녀의 특성, 환경, 문화가 사람들의 마음과 행동에 주는 영향 등을 과학적으로 분석하지요.

심리학은 이렇게 인간의 마음을 '과학적으로' 연구하는 학문이므로 과학에 속합니다. 그러니 심리학이야말로 이미 140여 년 전에 철학과 과학이 합쳐 만들어진 융합 학문이라고 할 수 있겠네요. 인간의 마음을 연구하는 데 과학적인 방법을 사용하니까요.

심리학에는 어떤 분야가 있을까요?

▼

그런데 화학, 물리학과 같은 자연 과학에 익숙한 여러분은 '심리학이 어떻게 과학이지?'라는 궁금증이 들 수도 있어요. 하지만 심리학을 정의할 때 '과학적으로'라는 말을 뺄 수는 없답니다. 심리학의 수많은 세부 분야 중 과학적이지 않게 연구하는 것은 없거든요. 그럼 심리학에 어떤 분야가 있는지 알아볼까요?

우선 우리가 어떻게 보고, 듣고, 냄새를 맡고, 맛을 보고, 피부로 느끼는지 연구하는 분야가 있습니다. 주로 지각심리학이라고 불리며 세부적으로 시각심리학, 청각심리학 등으로 나뉘는 학문이죠. 지각심리학은 여러분이 이 책을 읽고 이해하는 과정이 어떻게 눈에서 뇌까지 이어지는지, 어떻게 타인의 얼굴을 보고 단번에 누구라고 인식할 수 있는지, 혹은 컵을 손으로 잡는 행동이 어떻게 이루어지는지를 연구합니다. 사실 우리가 너무나 쉽게 하는 이 행위들을 최첨단 로봇은 아직 잘하지 못한답니다. 그래서 이 분야의 심리학자들은 로봇 혹은 관련 인공 지능 기계를 만들어 내는 데 크게 공헌

하고 있지요.

또한 인간의 전반적인 정보 처리 과정을 다루는 분야를 인지심리학이라고 부릅니다. 우리의 눈이나 귀를 통해 들어온 감각 정보들이 선택되고(주의), 저장되고(기억), 사용되는(의사 결정, 문제 해결, 추론 등) 과정을 연구하는 분야죠. 이러한 정보들이 우리의 뇌를 포함한 신경 기관에서 어떻게 처리되는지 연구하는 생물심리학, 생리심리학, 신경심리학 등도 있습니다. 사람들 관계 속에서 사람의 마음은 어떻게 변화하는지 연구하는 사회심리학, 각 연령별 사람의 마음을 연구하는 발달심리학, 사람의 감정을 주로 연구하는 정서심리학, 아픈 마음을 분류하고 마음의 고통을 치유하는 데 관심을 갖는 임상심리학이나 상담심리학도 있지요.

사회가 다변화되고 발전하면서 심리학은 점점 그 분야가 세분화, 전문화되고 있습니다. 산업심리학, 조직심리학, 인지공학, 범죄심리학, 법정심리학, 소비자심리학, 광고심리학, 여성심리학, 학교심리학, 중독심리학, 코칭심리학 등등 점점 많은 분야의 심리학이 새롭게 생겨나고 있어요. 어쩌면 가까운 미래에는 로봇심리학, 우주 공간에서의 심리학 같은 분야도 생겨나지 않을까요? 앞으로는 로봇과 우주 등이 큰 화젯거리로 떠오르고 인간의 마음은 거기에 적응해야 할 테니까요. 그리고 그 과정에서 심리학자들은 이전까지 해온 것처럼 마음의 중요한 요소인 기억, 지능, 성격을 연구하고, 객관적으로 측정하기 위한 도구 및 관련 각종 디자인이나 제품을 개발할 겁니다. 더 나아가 인공 지능을 개발하는 작업에도 참여하겠지요. 따라서 심리학은 인문학의 뿌리와 과학의 뿌리가 만나 새롭게 만들어진 학문이라고 이해하면 되겠습니다.

'나'는 심리학처럼 다양한 모습을 갖고 있어요
▼

이렇게 심리학의 다양한 분야를 살펴보니 '심리학이라는 학문은 여러 얼굴을 갖고 있구나.'라는 생각이 들지 않나요? 나를 발견하는 일도 이와 비슷해요. 나의 모습은 하나가 아닙니다. 한 모습을 알게 되면 몰랐던 내가 보이고, 그 모습을 마주하게 되면 또 새로운 내 모습이 나타나지요. 심리학에 여러 분야가 있는 것처럼 보고 듣고 몸으로 느끼는 '나'와 기억하고 생각하는 '나', 어릴 때와 지금의 '나'가 모두 다를 수 있습니다. 혼자일 때의 나와 다른 사람들과 함께 있을 때의 내 모습도 다를 수 있죠. 심지어 앞에 있는 사람이 누구인지에 따라 내가 달라지기도 합니다.

학교에서는 친구들보다 공부 잘하는 학생이지만 집에서는 좀 더 노력해야 한다고 꾸지람을 듣기도 하고, 평소 예쁘다고 생각하던 자신의 얼굴이 예쁜 친구 옆에서는 못나 보이기도 합니다. 많은 사람들은 주변 사람들과 자신을 비교하며 다른 사람에 비친 자신의 모습을 생각하지요. 그렇게 '나의 모습'은 변하지 않는 하나가 아니라 주변 환경에 의해 언제든지 변화하는 무한수에 가깝습니다.

하지만 그 모든 모습은 '나'입니다. 어제의 나와 지금의 나는 동일한 사람이고 친구와 함께 있을 때의 나와 부모님과 함께 있을 때의 나 역시 같은 사람이지요. 그 통합된 느낌이 깨지면 자신의 정체성에 혼란이 올 수 있습니다.

그래서 심리학자 에릭 에릭슨은 여러분과 같은 청소년들에게 정체성을 형성하는 것이 무엇보다 중요하다고 말했습니다. 그는 사람이 태어나서 노인이 될 때까지 연령별로 해결해야 하는 과제가 있다고 했어요. 청소년들에게 주어진 과제는 '나가 누구이고, 어떤 목표를 향해 나아가고 있는지' 잘 정리하는 것이지요. 그러기 위해서는 자신이 어떤 가치를 추구하고, 무엇을 믿고, 무슨 일을 하며, 어떻게

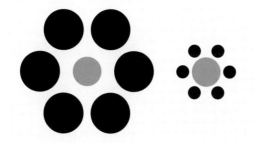

두 주황색 원의 크기는 같습니다. 하지만 주변에 큰 원이 있으면 작아 보이고, 작은 원이 있으면 커보이죠. 이처럼 나의 생각 역시 주변에 따라 얼마든지 바뀔 수 있습니다.

살아갈지 끊임없이 고민하며 자신의 다양한 모습을 마주해야 합니다. 그렇지 않으면 후에 자신의 또 다른 모습을 마주하게 될 때 내면에서 일어나는 갈등을 수월하게 극복하지 못할 수도 있습니다.

　심리학은 청소년기의 여러분이 생각지도 못한 자신의 마음을 발견하고, 다양한 모습을 마주할 수 있도록 도와줍니다. 과학적으로 말이에요. 그럼 심리학과 함께 '또 다른 나'를 만나러 떠나 볼까요?

심리학은
어떻게 '나'를 보나요?

마음이란 무엇일까요?

▼

2015년 개봉한 영화 〈인사이드 아웃〉의 주인공 라일리의 머릿속에는 감정 컨트롤 본부가 있습니다. 그곳에서는 기쁨, 슬픔, 버럭, 까칠, 소심이라는 다섯 가지 감정들이 라일리의 상황에 따라 바삐 움직이지요. 예를 들어 라일리가 식탁 위에 올라와 있는 브로콜리를 발견하면 까칠이는 브로콜리를 거부하라고 명령을 내립니다. 소심이는 라일리가 위험한 전선을 피할 수 있도록 도와주지요. 이렇게 각각의 감정들은 라일리가 어떻게 행동할지 서로 이야기하면서 주체적으로 판단을 내립니다. 마치 사람의 머릿속에 스스로 생각하는 작은 인간들이 존재하고 활동하는 것처럼 말이죠.

인류에게 '인간의 마음은 어디에 있는가?'는 오랫동안 논쟁거리였습니다. 철학자들 사이에서는 마음과 몸이 별개로 존재한다는 생각(심신이원론)과 마음과 몸이 하나라는 생각(심신일원론)이 대립했지요. 심신이원론은 몸이 그릇이고, 마음이 그 그릇에 담긴 음식이라는 주장이에요. 그릇이 바뀐다고 해서 음식, 즉 마음은 바뀌지 않는다고 보는 것이죠. 반대로 심신일원론은 몸이 바뀌면 그 안에 담긴 마음도 바뀐다는 주장이고요.

심리학자들은 두통이라도 생기면 기분이 좋지 않듯이 마음과 몸이 하나라고 생각했습니다. 그리고 인간이 외부의 여러 감각적인 신호들(시각, 청각, 촉각 등의 감각 정보)을 받아서 지각하고, 느끼고, 기억하고, 판단하고, 행동하는 모든 과정과 현상을 마음이라고 말했지요. 이런 모든 과정이 이루어지는 신경 체계인 뇌는 마음의 중심이라고 생각했고요.

그래서 심리학은 뇌를 연구하는 과학에 기초하고 있습니다. 뇌에 변화가 일어나면 사람들의 마음이나 행동이 어떻게 변화하는지 연구했고, 이를 통해 마음이 작동하는 원리를 밝혀냈지요. 뇌 안에 있는 신경 세포의 활동 없이는 어떤 마음의 기능이나 현상이 나타날 수 없고, 활동이 정지된 뇌에서 마음이 작동할 수 없다는 것을 말입니다. 그럼 심리학이 가장 중요시하는 신경 체계인 뇌를 설명해 볼까요?

마음의 중심 기관, 뇌

▼

우리 뇌는 보고, 듣고, 느끼고, 기억하고, 배우고, 생각하는 모든 일을 통솔합니다. 그뿐만 아니라 호르몬 분비, 신체 대사 조절 등 사람이 생존하는 데 필요한 모든 기능에 관여하지요. 이런 뇌에는 뉴런이라고 하는 약 수백억 개의 신경 세포가 있는데 이 뉴런을 통해 우리는 외부의 정보를 받아들이고, 저장하고, 사용합니다.

뇌를 연구하면 할수록 아주 작은 부위라도 중요한 기능을 한다는 사실이 밝혀지고 있습니다. 과거 뇌에 대해 잘 알지 못하던 시기에는 우리의 뇌가 전체적으로 지능을 관장한다고 생각했지요. 어떤 부위든 상관없이 뇌가 10% 손상되면 우리의 지적 능력도 10% 떨어지고, 20% 손상되면 지능도 20% 떨어진다는 식으로 말이에요. 하

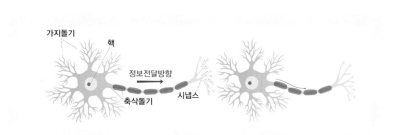

그림처럼 하나의 뉴런과 다른 뉴런이 만나서 정보를 주고받는 지점을 시냅스라고 하는데, 이 시냅스가 우리 뇌에는 수백조 개가 있다고 해요.

지만 시간이 흐르고 뇌에는 특정한 기능을 담당하는 각각의 영역이 있다는 사실이 드러납니다. 최근에는 뇌의 어떤 영역이 어떤 기능을 담당하는지, 그리고 각각의 영역들이 어떻게 연결되어 있는지를 알아내는 연구들이 진행되고 있지요. 일종의 뇌 지도를 그리는 작업이 진행 중이랍니다.

대표적인 예로 우리의 언어 능력과 관련된 연구가 있습니다. 1800년대 중반 프랑스의 브로카라는 의사에게 어떤 환자가 찾아왔어요. 이 환자는 다른 사람들이 하는 말을 잘 듣고 이해하면서도 말을 하려고 입을 떼기만 하면 무척 힘들어하며 단어 한두 개만 떠듬떠듬 말할 수 있었지요. 그 원인은 환자가 사망한 후에야 밝혀졌습니다. 사망한 환자의 뇌를 해부해 보니 좌반구 전두엽의 특정 영역이 손상되어 있는 것을 발견했지요. 오늘날에는 '말하는' 기능을 담당하는 이 영역을 '브로카 영역'이라고 부르고, 이 영역에 손상을 입어 말을 못하는 증상을 '브로카 실어증'이라고 부릅니다.

한편 독일의 의사 베르니케에게 찾아온 환자는 다른 언어적 문제를 보였어요. 이 환자는 겉으로 보기에는 말을 굉장히 잘했지만 그 내용을 자세히 들어 보면 일관성도 없고 논리적이지도 않았지요. 게다가 청각 기능에 아무 이상이 없음에도 불구하고 다른 사람의 말을 거의 이해하지 못했어요. 이 병의 원인도 사망 후에 밝혀졌답니다. 브로카 영역보다 뒤쪽에 있는 측두엽이 손상되어 있었지요. 오늘날에는 언어의 '이해'를 담당하는 이 영역을 '베르니케 영역'이라 부르고, 이런 종류의 실어증을 '베르니케 실어증' 혹은 '유창한 실어증'이라고 부릅니다. 이러한 발견들은 우리에게 말하고, 듣고, 이해하는 특정한 능력이 뇌의 각기 다른 영역에서 처리되고 있다는 것을 보여 주지요.

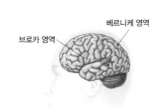

이외에도 여러분이 책을 읽고 이해하는 영역이 있습니다. 만일 이 영역이 손상되면 시력에 아무 이상이 없어도 난독증이 나타나지요. 그리고 사람의 얼굴을 보고 알아보는 영역에 문제가 생긴다면 의자, 책상, 사과 등은 다 구별해도 사람의 얼굴만 구별하지 못하는 '안면인식장애'가 생긴답니다.

뇌에서는 각각의 독립적인 마음들이 교류하고 있어요
▼

여러분, 『지킬 박사와 하이드』를 읽어 본 적이 있나요? 주인공 지킬 박사와 그 안에 존재하는 제2의 자아인 하이드를 통해 인간의 이중성을 다룬 이야기이지요. 아마 영화·드라마로도 많이 다루어져 여러분에게 친숙할 거예요. 어쩌면 헐크라는 캐릭터를 알고 있는 친구가 더 많을지도 모르겠네요. 여러분에게 이런 '인간의 이중성'은 어떤 의미로 다가오나요? 드라마나 소설에서처럼 치료해야 할 정신 질환으로만 생각되나요? 그렇다면 평소에 우리가 하는 모순적인 행동은 어떻게 보아야 할까요?

우리의 두뇌는 좌반구와 우반구로 나뉘어져 있습니다. 그리고 각 반구는 뇌량이라는 신경 섬유 다발로 연결되어 있고요. 이 뇌량을 통해 좌반구와 우반구는 서로 정보를 주고받을 수 있지요. 그런데 만일 이 뇌량을 절단한다면 어떤 일이 일어날까요? 좌우 반구가 각기 따로 활동하면서 사람에게 두 개의 독립적인 마음이 존재하게 될까요?

흔히 간질이라고 불리는 뇌전증 환자 중 뇌량을 절단한 환자들을 대상으로 좌반구와 우반구 특성에 대한 많은 연구가 이루어졌어요. 대표적인 실험 하나를 예로 들어 볼게요. 뇌량을 절단한 환자의 왼쪽 시야에 '사탕'이라는 단어를 보여 주고 따라 말해 보라고 했어요. 그런데 사탕이라고 말할 수 있는 사람이 아무도 없었답니다. 왼쪽 시야를 통해 본 단어가 우반구로만 전달되고, 말을 하는 영역(브로카 영역)이 있는 좌반구로 전달되지 못했기 때문이에요. 뇌량이 있는 사람이라면 좌측 시야에만 '사탕'이라는 단어가 보여도 좌반구에까지 그 정보가 전달되어 사탕이라고 따라 말할 수 있지만, 뇌량이 절단된 환자는 '언어적으로' 표현할 수 없었던 것이죠.

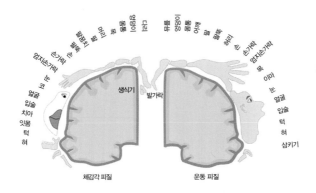

체감각 피질   운동 피질

좌반구는 오른쪽 신체를 담당하고 우반구는 왼쪽 신체를 담당합니다. 우반구 운동 피질 영역 중 손가락을 담당하는 신경 세포를 자극하면 왼쪽 손가락이 움직여요. 왼쪽 뺨을 꼬집으면 그 뺨을 담당하는 우반구의 신경 세포들이 반응을 하겠지요.

하지만 이 환자에게 똑같이 왼쪽 시야에만 사탕을 포함해 동전, 컵, 시계 등의 그림을 보여 주면서 무엇을 보았는지 '왼손으로' 가리키게 하면 실제 사물을 정확히 가리킨답니다. 우리의 왼쪽 신체는 우뇌가 담당하거든요. 물론 오른손으로 가리키라고 하면 정확하게 가리키지 못하겠죠?

이처럼 좌뇌가 하는 일과 우뇌가 하는 일은 서로 다릅니다. 좌뇌는 언어 능력을 포함해 논리적 사고, 수적 계산 능력에 관여하는 반면에 우뇌는 공간 지각력, 창의력 등에 관여하지요. 그래도 뇌량이 절단된 환자들은 주변 사람들이 이상한 점을 거의 발견하지 못할 정도로 실생활에서 어려움을 느끼지 않는다고 해요. 실험과 같이 제한적인 상황이 아니라면 대부분의 외부 정보들이 좌뇌와 우뇌 모두에 전달되기 때문이죠. 왼쪽 시야에만 보이던 사물도 눈이나 고개를 살짝 돌리면 오른쪽 시야에 들어올 수 있거든요.

하지만 이 환자들에게 가끔씩 이상한 행동이 나타나고는 합니다. 가령 불쌍한 걸인에게 왼손으로 돈을 주는데 오른손이 왼손을 막기도 하지요. 어떤 분리 뇌 환자는 친구들과 카드 게임을 하다가 지자, 좌뇌가 담당하는 말로는 "괜찮다."라고 하면서 우뇌가 담당하는 왼발로는 기분 나쁘다는 듯이 방문을 차버렸다고 해요. 마치 하나의 몸에 두 사람이 있는 것처럼 말이에요.

이런 이야기가 꼭 분리 뇌 환자에게만 해당하는 것은 아닙니다. 우리에게도 여러 가지 마음이 동시에 존재해요. 수업 시간에만 해도 당장 교실에서 나가 놀고 싶은 마음이 있지만 그렇게 하면 안 된다는 것을 알고는 꾹 참고 선생님의 말씀을 경청하잖아요? 화가 나는 마음과 참아야 한다는 마음이 동시에 생길 때도 있고요. 이처럼 여러 마음이 함께 생길 수 있는 것은 우리 뇌에 마음의 기능을 하는 영역들이 따로 존재하기 때문이에요. 하지만 이런 영역들은 잘 연결되어 서로 조정하고 소통하기 때문에 분리 뇌 환자처럼 모순되는 행동들이 동시에 일어나는 일은 매우 드물어요.

'나의 마음'을 과학적으로 살펴볼까요?

▼

이렇게 심리학은 뇌와 행동을 모두 연구하면서 내가 무엇을 보는지, 무엇을 느끼는 사람인지 알아 갑니다. 과거에는 살아 있는 뇌를 직접 측정하는 것이 불가능해서 연구에 한계가 있었습니다. 그러나 이제는 과학 기술의 발달로 살아 있는 뇌의 구조와 더불어 뇌의 활동을 측정할 수 있게 되었지요.

대표적인 방법이 fMRI(기능적 자기공명영상)와 PET(양전자 방출 단층 촬영)입니다. 여러분이 알고 있는 MRI(자기공명영상)가 뇌의 구조를 촬영하는 것이라면 fMRI는 뇌의 활동 변화까지 촬영하는 기계입

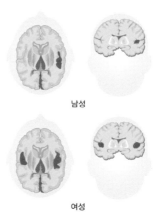

남성

여성

그림을 통해 다른 사람이 이야기를 하면 남성(위)은 한쪽 뇌로만 언어 이해를 하는 반면, 여성은 양쪽 뇌(아래) 모두 활용하여 언어 이해를 하는 것을 알 수 있습니다.

니다. 예를 들어 fMRI기계에 들어가 있는 실험 대상자에게 사람의 얼굴 사진과 자연 풍경 사진을 차례로 보여 주면 뇌의 활성화 부위가 어떻게 달라지는지 볼 수 있죠.

이제 우리가 보고, 듣고, 느끼는 것을 가능하게 해주는 것이 바로 뇌라는 사실을 알았나요? 무엇인가를 배우고, 기억하고, 문제를 풀고, 판단을 내리는 일도 바로 여러분의 뇌가 하는 일입니다. 어제의 내가 오늘의 나임을 알 수 있게 해주는 것도, 과거의 나를 기억하고 미래의 나를 계획하게 하는 것도 뇌의 기능인 것이죠. 따라서 뇌가 어떻게 기능하는지 이해하는 것은 나와 우리의 모습을 보다 객관적으로 바라볼 수 있도록 도와줍니다.

'지금의 나'를
만든 것은 '기억'이에요

기억에도 종류가 있어요

▼

뇌와 마음의 관계를 밝히기 위해서는 뇌뿐만 아니라 우리의 행동
도 관찰해야 합니다. 마음의 다양한 기능이나 능력을 구분하기 위해
서죠. 가령 기억을 담당하는 뇌 영역을 알기 위해서는 특정한 영역
에 손상이 있을 때 기억하지 못하는 부분이 없는지 행동으로 관찰할
수 있어야 합니다. 또한 기억을 상기시킬 때 우리 뇌의 어떤 영역이
활성화되는지 알기 위해서는 분리 뇌 환자가 한 것처럼 통제된 실험
을 통해 관찰해야겠죠.

그런데 기억이라는 것이 단일한 능력일까요? 예를 들어 언어 능

력은 앞에서 살펴본 것처럼 말하는 능력, 듣고 이해하는 능력, 읽고 이해하는 능력 등으로 나뉘잖아요? 심지어 말하는 능력 또한 따라 말하기, 새로운 문장 말하기 등으로 세분화할 수 있고요. 기억도 마찬가지랍니다. 감각 기억(시각 기억, 청각 기억 등), 단기 기억, 장기 기억, 언어 기억, 그림 기억, 무의식적 기억 등 다양한 기억들이 존재하지요. 대표적인 연구 사례를 살펴볼까요?

기억 능력에 변화가 생기면 삶이 달라져요
▼

1926년에 태어난 헨리 몰라이슨은 뇌전증으로 심하게 고생하고 있었어요. 1953년 그의 주치의는 갑자기 발작이 일어나면 생명이 위태로울 수 있기 때문에 결국 뇌전증의 원인인 뇌파가 일어나는 해마와 그 주변을 절제했지요. 수술 후 경과를 살펴보니 다행히 그의 지능 지수는 떨어지지 않았어요. 자신의 가족과 친구들, 주소 등은 물론이고 그동안 학습한 것들도 잘 기억하고 있었지요.

그런데 헨리 몰라이슨은 수술 이후에 일어난 일들에 대해서는 기억하지 못했어요. 예를 들면 아침에 만난 의사를 점심에 다시 만나도 처음 본 사람처럼 대하고, 아침에 무엇을 먹었는지, 심하면 아침을 먹었는지조차 기억하지 못했지요. 더 이상 새로운 경험을 기억할 수 없게 된 거였어요. 물론 자동차 번호판에 적힌 숫자 정도는 잠깐

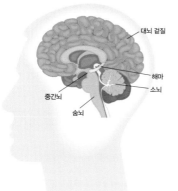

대뇌 겉질

해마

소뇌

중간뇌

숨뇌

그림과 같이 해마는 대뇌겉질 아래에 위치하여 기억, 공간 개념, 감정적인 행동을 조절해요.

기억할 수 있었습니다. 본 즉시 빠르게 수첩에 옮겨 적을 정도의 아주 짧은 시간 동안만 말이지요. 즉 단기 기억에는 아무런 문제가 없었어요. 기억을 장기적으로 유지하는 데에만 문제가 생긴 것이었지요. 이를 통해 심리학자들은 기억이 단기 기억과 장기 기억으로 나뉜다는 걸 알았어요. 그리고 뇌의 해마가 새로운 경험을 장기 기억으로 저장하는 데 중요한 역할을 한다는 것을 알아냈지요.

놀랍게도 헨리 몰라이슨은 수술 후에 골프만큼은 잘 배웠어요. 물론 자신이 누구에게, 얼마나 골프를 배웠는지는 전혀 기억하지 못했고요. 몸으로 배우는 운동과 관련된 장기 기억만 정상적으로 기억했지요. 즉 장기 기억의 종류에도 여러 가지가 있는 것이었어요. 심리학자들은 이러한 연구를 바탕으로 자신에게 일어난 사건(이를테면 어제 누구를 만났는지)이나 세상에 대한 지식들(사계절은 봄, 여름, 가을, 겨울임을 아는 것)을 각각 일화 기억, 의미 기억으로 불렀지요. 헨리 몰라이슨이 보통 사람들처럼 골프를 배웠듯이, 운동 기술과 같은 정보를 저장하는 기억은 절차 기억이라고 불렀고요. 이렇게 기억들을 세세히 구분하기 위해서는 행동 관찰과 실험을 체계적으로 해야 합니다. 뇌만 연구해서는 인간의 마음을 온전히 알 수 없어요.

자, 이제 기억을 관장하는 것이 뇌이며 뇌의 변화에 따라 기억 능력과 함께 생각하는 마음이 바뀔 수 있다는 것을 알았지요? 헨리 몰라이슨의 경우에서처럼 자신의 바뀐 뇌로 인해 앞으로 제한된 기억 속에서 살아야 하듯이 말이에요. 이제 헨리는 더 이상 자신에게 중요하고 의미 있는 기억을 만들 수 없을 거예요.

공부할 때에도 기억은 중요해요

▼

우리가 뭔가를 외우려고 할 때 같은 내용이라도 의미를 부여하면 기억에 오래 남습니다. 다음의 숫자를 한번 기억해 보세요.

19506251945815

그저 별다른 의미 없이 숫자 하나하나를 외우려고 하면 어려울 거예요. 하지만 1950년 6월 25일에 일어난 한국 전쟁과 1945년 8월 15일을 기념하는 광복절을 연상하면 아주 쉽게 숫자를 외울 수 있습니다. 물론 각각의 날에 어떤 일이 있었는지 알지 못하는 사람이라면 이 숫자를 쉽게 외우지 못하겠지만요. 그러니 아마도 두 날짜를 재빨리 기억할 수 있는 사람은 한국인일 거예요. 그 시절을 경험하지 않은 사람이더라도 한국인이라면 각 날에 무슨 일이 있었는지 학교에서 배울 테니까요.

경제에서의 빈익빈 부익부처럼 아는 것이 많은 사람은 더 쉽게 배우고, 더 잘 기억할 수 있습니다. 처음에 아무것도 모를 때에는 공부하는 것이 어렵겠지만, 공부를 하면 할수록 점점 빠르고 쉽게 익힐 수 있지요. 그러니 공부할 때에는 단순히 암기하는 것보다 그 내용에 의미를 부여하고, 그것이 자신과 어떤 관계가 있는지 생각하면 그 효과가 더 오래가요. 왜냐면 '나'라는 개념에는 무척 중요하고 풍부한 의미와 경험들이 모여 있기 때문에 자신과 연결해서 기억하면 정보를 효율적으로 저장하기 때문이죠.

이렇게 나를 생각하는 것은 나의 기억에 영향을 주고, 나의 기억은 다시 나를 마주하고 발견하는 것으로 이어집니다. '지금의 나'는 무척 중요하고 풍부한 경험이 모여서 만들어진 것입니다. 그래서 나에게 가장 슬펐던 기억은 무엇인지, 가장 기뻤던 기억은 무엇인지를 알면 나를 파악할 수 있지요. 그리고 그 기억들을 통해 내 마음이 어

떻게 기억하고, 기억한 내용을 어떻게 사용하는지 이해한다면 보다
발전적인 자신의 모습을 만들어 나갈 수 있을 거예요.

경험이 중요한
진짜 이유

뇌는 나의 경험에 의해 변화해요

▼

제각각 다른 마음이 하나의 '나'로 보이는 것, 그것은 결국 우리 뇌의 좌뇌와 우뇌를 비롯하여 뇌의 여러 영역들이 서로 잘 연결되어 활동하고 있다는 증거일 거예요. 우리 뇌의 전두엽은 사회적이고 도덕적인 맥락에 따라 스스로를 통제하고 억제하는 일을 한답니다. 평소에 예의가 바르고 품행이 올바르던 사람이라 하더라도 전두엽에 이상이 생기면 비도덕적인 행동을 하거나 충동적이고 난폭한 언행을 보일 수 있어요. 얌전하던 사람이 술에 취하면 난폭해지는 이유가 바로 이 때문이죠.

이처럼 우리의 마음은 '뇌'의 영향을 받습니다. 뇌가 변하면 마음도 따라서 변하는 것이죠. 그런데 뇌는 언제 변화할까요? 바로 여러분이 지금 글을 읽으면서 새로운 사실을 배우는 것처럼 새로운 것들을 경험하고 학습할 때 일어나요. 운동을 열심히 하면 근육이 늘어나고 심폐 기능이 좋아지는 것처럼 뇌에 있는 신경 세포(뉴런)들도 우리가 배우고 경험하는 것에 따라서 새롭게 연결되고 재조직화되면서 계속 성장하지요.

새로운 경험을 할수록 나는 앞으로 나아가요

▼

그래서 여러분은 풍부한 경험을 해야 합니다. 보통 여러분의 나이를 성장기라고 해요. 물론 우리는 살아 있는 한 계속 성장하지만 이 시기에는 특히 신체와 뇌가 급격히 성장을 한답니다. 그래서 여러분 나이에 가능한 한 풍부한 경험을 하는 것이 필요하답니다. 그래야 여러분의 마음 역시 풍부해지고 '내'가 멋지게 성장할 테니까요.

당연한 이야기일 수 있지만, 여기에서 말하는 풍부한 경험이 교실이나 책상에 앉아서 보는 책에 국한돼서는 안 됩니다. 물론 단어와 공식을 외우고 문제를 풀면서 전에 몰랐던 지식과 방법을 알게 되는 것도 중요해요. 하지만 새로운 체험으로 배우는 것 또한 여러분이 살아가는 데 큰 힘이 된답니다.

예를 들면 여러분은 초등학교에 들어가기 전에 주어나 동사, 목적어, 부사, 형용사 같은 언어 구조가 무엇인지 몰랐을 거예요. 문법을 배운 적이 없으니까요. 하지만 유치원생은 제대로 배운 적도 없으면서 말을 제대로 하잖아요? 스스로 설명할 수는 없어도 어떤 표현이 문법에 맞고 틀리는지를 알고 있는 거죠. 어릴 때부터 부모님, 지인 등과 계속 부딪치고 대화를 해오면서 무의식적으로 문법 규칙들을 학습했으니까요. 또한 수영은 책으로도 배울 수 없어요. 물을 먹고 실패해 가며 몸으로 직접 경험해 봐야 배울 수 있는 운동이니까요.

　　우리는 그동안 수많은 경험을 통해 많은 것들을 학습해 왔습니다. 그에 따라 나의 뇌가 성장하고 마음도 한 뼘씩 성장해서 '지금의 나'가 된 것이지요. 여전히 이 세상에는 여러분들이 경험하지 못한 것들이 아주 많답니다. 아름답고 감동적인 예술 작품이 주는 감동을 느껴 보고 높아지는 미적 감각을 경험해 보세요. 저마다의 환경에서 다양한 삶을 살아가는 수만 가지의 생명체와 삶의 모습도 직접 보고, 듣고, 체험해, 세계관을 확장하기를 바랍니다. 다양한 경험과 배움을 통해 여러분은 끊임없이 변화하고 발전하는 '나'를 발견할 수 있고, 그 속에서 즐거움을 얻게 될 것입니다.

• '꿈을 실현하는 계획표'를 단계별로 세우고, '되고 싶은 나'와 '현재의 나'
의 차이를 줄이기 위해 무엇을 해야 하는지 알아봅시다.

예시)

내가 되고 싶은 미래의 나	국제를 무대로 활동하는 변호사
미래의 내가 되기 위해서 해야 할 일	외국 대학교 입학, 외국 로스쿨 입학 및 졸업, 변호사 시험 합격!
지금 나에게 부족한 것	영어 실력, 정보
스무 살이 되기 전에 내가 해야 할 일	외국 로스쿨에 들어가려면 어떤 대학에 들어가야 할까? - SAT 준비, 유학 준비
고등학교 입학하기 전에 이뤄야 할 일	외국어고등학교 준비는 어떻게 해야 할까? - 특목고 입학 준비 국제변호사와 국내변호사의 차이는 무엇일까? - 변호사 관련 정보 준비, 적성 체험해 보기
지금 내가 해야 하는 일	변호사 체험 프로그램, 변호사가 적성에 맞는지 적성 검사, 변호사 관련 책 읽어 보기, 주변 어른에게 물어보기, 영어 학원 등록

내가 되고 싶은 미래의 나	
미래의 내가 되기 위해서 해야 할 일	
지금 나에게 부족한 것	
스무 살이 되기 전에 내가 해야 할 일	
고등학교 입학하기 전에 이뤄야 할 일	
지금 내가 해야 하는 일	

한국에 있는 '나'를 이해하는 데 어떻게 다른 문화가 도움이 될까요? 인간이라면 어쩔 수 없이 자신이 속한 문화의 영향을 받기 마련입니다. 그렇기에 비교문화학적인 관점을 통해서라면 여러분은 자신의 한국적인 사고방식을 새롭게 인식하고 객관적으로 나를 볼 수 있습니다. 가까이 보는 것보다 멀리 보면 실제에 가까워지듯이, 일종의 '거리 두기'를 통해 '있는 그대로의 나'에게 한 발짝 더 다가가고, 나의 잠재력을 들여다볼 수 있기 때문이죠.

— 박영 이레네 선생님

다른 문화를 통해 멀리 보면
'있는 그대로의 나'를 볼 수 있어요

다른 문화 속 '나'를
왜 알아야 할까요?

나를 바로 알려면 멀리 봐야 해요

▼

'다른 문화의 '나'를 알 필요가 있을까?' ''나'를 알기 위해서는 동양적인 생각을 더 알아야 하지 않을까?'라고 생각하는 청소년이 있을 거예요. 그래서 먼저 그 질문에 대한 답변부터 해보려고 합니다.

1987년에 나온 미국 대학 교육의 실패를 주장한 책 『미국 정신의 종말』에서 저자인 시카고 대학교 교수 앨런 블룸은 "이곳, 이 시간이 전부라고 믿는 것이 우리의 가장 치명적인 습관."이라고 언급했어요. 일반적으로 우리는 지금 보고 듣고 생각하고 느끼는 것들을 현실로 받아들여요. 당연한 일이지요. 그러나 내게 보이지도 들리지도 않는 현실도 있지 않을까요? 예를 들어 지구 반대편에서 큰 지진이 일어나 많은 사람들이 삶과 죽음의 경계에서 몸부림치고 있다고 가정해 보세요. 그런데 내가 이 사실을 언론이나 SNS 등 어떤 방법으로도 접하지 못한다고 해서 지진이 일어나지 않은 것은 아니잖아요? 다시 말해 '내가 접하는 현상이 전부가 아닐 수 있다.'라는 생각을 가지고 살아야 현실을 제대로 인식하며 살아갈 수 있습니다.

고대 그리스의 수도 아테네에서 '살아 있는 이들 중 가장 지혜로운 인간은 소크라테스이다.'라는 신탁이 내려졌다고 합니다. 이 말을 전해 들은 소크라테스는 놀라워하며 자신보다 지혜로운 사람이 분명히 있을 거라는 기대를 갖고 찾아 나섰지요. 그러나 실망스럽게도 만나는 사람 모두 소크라테스가 질문을 하면 자신이 모르는 것마저 아는 척하며 만족스러운 답을 주지 못했습니다. 결국 소크라테스는 신탁이 그렇게 내려진 이유를 깨달았지요. 수많은 아테네 시민들 중에서 자신만이 스스로의 부족함을 알고 있었던 것입니다. 즉 소크라테스의 명언 "나는 내가 모른다는 것을 안다."라는 자신이 아무것도 모른다는 말이 아니에요. 자신은 아직 배워야 할 것이 많은 부족한 사람이라는 걸 스스로 알고 있다는 뜻이지요.

앞에서 말한 블룸 교수의 말 역시 '내 관점의 한계를 의식하고 살아야 한다.'는 뜻입니다. 다시 말해 개인의 관점은 중요하고 대체될 수 없지만 한 사람만의 관점이기 때문에 한계가 있을 수밖에 없다는 것입니다. 그러니 시력이 아무리 좋다 하더라도 자신의 뒷모습은 볼 수 없듯이 내 지식과 생각, 그리고 판단에 대해 어느 정도 의심을 품는 것이 지혜로울 수 있습니다.

지금의 현실에 안주하는 것은 스스로를 가두는 셈이에요
▼

물론 위의 의견과는 달리 이렇게 생각할 수도 있습니다. '내 앞에 닥친 현실도 벅찰 때가 있는데 나랑 관계없는 것까지 신경 쓰며 살 필요가 있나?' '먼 곳이나 먼 미래에 대해 관심을 갖기보다 현재 나와 직접 관련된 일에만 신경 쓰며 사는 것이 맞지 않을까?' 어차피 모든 것을 알 수도 없고 내 시간과 힘이 무한한 것도 아니니 내 생활 영역에 속하는 것만 생각하는 것이 현실적으로 옳다고 말이에요.

실제로 이렇게 사는 사람이 많지요. 그렇지만 이런 자세로 산다면 스스로를 감금하는 것과 다름없습니다. 눈에 보이지 않는 감옥에 스스로 갇힌 꼴이지요. 자신이 갇혀 있다는 인식조차 없어서 나올 생각도 하지 못합니다. 그래서 벗어나기가 더 어렵지요. 그 감옥이란 어떤 곳일까요? 내 관심, 이익, 생각, 그리고 순간적인 느낌과 감정으로 구성된 나만의 좁은 세상입니다. 이런 감옥에 갇히면 넓고 자유로운 세상에서 사는 삶을 포기하고 협소한 삶을 살 수 밖에 없지요.

반대로 소크라테스나 블룸이 추구한 인문주의(휴머니즘humanism,

인간을 중심에 둔 사상)란 인간은 동물과 달리 이성理性, 그리고 타인과의 소통을 통해 자신의 경험을 넘어설 수 있다고 보는 것입니다. 저 먼 곳에는 지진이 났는데 내가 있는 곳은 안전하다는 사실을 인식한다면, 현실이 더 소중해지지 않을까요? 또한 과거에 안전을 소홀히해서 인명 피해가 많았다는 사실을 알게 된다면 이 일을 몰랐을 때보다 사고를 예방하려는 노력을 더 하지 않을까요?

개인이 직접 겪은 경험만을 현실로 인정한다면 그 어떤 발전도 불가능합니다. 하나의 현상이 꾸준히 되풀이되면 그 일을 당연하게 여겨 어떤 변화의 가능성에도 둔감해지지요. 그러나 한 번이라도 '이렇게 해보면 어떨까?' 하고 의문을 품는다면 다른 선택을 할 수 있는 길이 열립니다.

예를 들어 볼게요. 1990년대까지 한국 피겨 스케이팅은 국제 대회에서 메달권과 거리가 멀었어요. 그런 이유로 국내에서는 주목받지 못한 스포츠였지요. 그러던 중 김연아 선수가 뛰어난 실력을 발휘하면서 국제 대회에서 수상하기 시작했어요. 어느 누구도 예상치 못한 일이었지요. 그전까지 한국 선수는 잘해야 20위권에 머물렀으니까요. 그때부터 어린이들 사이에서 피겨 스케이팅이 폭발적인 인기를 얻게 되었어요. 차준환, 임은수 등 일명 '김연아 키즈'라고 불리며 국내외 대회에서 활약하는 선수들도 늘었고요. 예전에는 자신의 진로를 정할 때 피겨 스케이팅을 전혀 고려하지 않던 아이들이 이제는 희망과 용기를 얻은 것이지요. 만약 아이들에게 용기를 준 김연아 선수가 국내에서 비인기 종목이라는 이유만으로 피겨 스케이팅을 포기했다면 지금처럼 많은 청소년들이 꿈을 다양하게 꿀 수 있었을까요?

현재 눈에 보이는 것 외에 다른 것은 아무것도 보지 않으려고 한다면 그저 주어진 대로 살 수밖에 없어요. 그러나 대안으로 고를 선택지가 있으면 또 다른 가능성이 열리게 되지요. 상상력이 중요한 이유도 직면한 현실의 감옥에서 나를 벗어나게 해주기 때문입니다. 상상력을 발휘하면 지금의 현실과는 다른 자신의 모습을 그릴 수 있어요. 상상력이 망상에 머물러 있으면 현실 도피밖에 안 되겠지만, 보다 나은 무언가를 추구하고 행동으로 옮길 때에는 반드시 필요한 원동력이랍니다.

인문학이 여러분의 상상력을 넓혀 줘요
▼

인문학의 중요성이 바로 여기에 있습니다. 인문학을 통해 우리는 '지금-여기-나'라는 벽을 넘어 다른 시간이나 다른 장소, 다른 환경 그리고 타인의 경험과 감정, 생각, 입장 등을 열린 마음으로 바라볼 수 있어요. 당연하게 여기던 것에 대해 의문을 갖게 되고, 고정 관념을 깨고, 새로운 가능성을 엿보면서 비로소 내가 성장하지요.

그럼 여기서 제 이야기를 좀 해볼까 해요. 저는 살면서 다양한 인문학을 접한 행운아였어요. 그동안 제가 배운 인문학의 각 분야에 대해 살펴볼게요.

어렸을 때 무작정 외우라고 하는 역사 선생님을 만났어요. 하시만 운 좋게도 역사를 좋아하는 아버지가 밥상에 앉아 재미있는 역사 이야기를 많이 들려주셨고, 어린 우리 삼남매는 그 이야기를 들으면서 '왜?'라는 질문을 입에 달고 살았지요. 그런 어릴 적 기억 때문인지 대학 전공도 역사로 선택했어요. 그리고 여러 문명의 차이점을 통해 '그 시대에는 왜 그런 생활 양식을 가지게 되었는지' '각 지역은 왜 그런 문화를 가졌는지'에 대해 이해하려고 노력했지요. 나와 다른 문화를 이해하는 포용력도 생기고 현재의 삶을 바라보는 시각도 더 깊어졌어요. 그래서 저는 역사가 과거의 수많은 인물과 사건, 장소, 날짜 등을 외워야 하는 과목이 아니라 사람들이 과거에 어떻게 생각하고 살았는지를 이해하는 학문이라고 생각해요.

그리고 철학도 공부했어요. 특히 대학교 1학년 때 들은 철학 입문 강의는 저에게 많은 영향을 주었지요. 철학은 탐구의 깊이나 범위가 다른 학문과는 다르답니다. 예를 들어 볼게요. 인간을 탐구하는 여러 학문 중 대부분은 인간의 일부, 한 부분만을 관찰해요. 생물학은 인간의 여러 신체 특징과 생물학적 기능을 기술하고, 의학은 건강과 병에 대해 탐구하고, 심리학은 인간의 심리를 다뤄요. 모두 인간에 관한 학문이지만 인간의 각기 다른 부분을 관찰하지요.

그러나 철학은 인간의 부분만이 아니라 근본에 관한 질문을 던져요. '인간은 무엇인가?' '인간은 어떻게 행동하며 살아야 하는가?' '삶의 궁극적인 목적은 무엇인가?' 저는 이러한 질문을 통해 '나'를 조금 더 이해하고 앞으로 어떻게 살아야 할지에 대해 실질적인 도움을 얻을 수 있었어요. 그래서 철학은 단순히 배워야 할 학문이라고 생각하지 않아요. 나의 생각, 입장 그리고 앞으로 어떻게 행동할지 스스로 생각할 수 있도록 도와주기 때문에 삶에 필요한 학문이라고 생각합니다.

문학을 통해서 인간에 대한 이해력도 길렀습니다. 아마 여러분은 책을 읽다 몰입해 본 경험이 있을 거예요. 자신이 이야기 속 주인공과 똑같이 즐거워하고 슬퍼하는 순간 말이에요. 이것을 우리는 '간접 경험'이라고 해요. 예를 들어 유대인의 참상과 아우슈비츠 수용소를 실제로 겪어 본 적도 없는 제가 관련 역사를 알고 피해자들의 고통을 간적접으로나마 느낄 수 있는 것은 『안네의 일기』, 『죽음의 수용소』등 관련 작품을 통해 간접 경험한 덕분이죠. 이처럼 우리는 훌륭한 문학 작품을 읽으면서 재미를 느낄 뿐 아니라, 이야기 속 인물을 통해 다른 세상의 경험, 관점, 모습을 접할 수 있어요. 좋은 영화나 연극을 통해서도 비슷한 경험이 가능하답니다.

이처럼 인문학은 개인의 시야와 경험을 넓힘으로써 나 자신을 조금 더 깊이 이해하게 해주는 마음의 거울이라 할 수 있습니다. 이런 역사, 철학, 문학과 함께 저에게 많은 영향을 준 또 다른 인문학 분야가 있어요. 바로 비교문화학이에요.

다문화를 배우면 자기 자신이 객관적으로 보여요
▼

저는 어려서부터 여러 문화를 경험했어요. 한국에서 태어났지만 세 살 때부터 남아메리카 대륙의 가장 남쪽에 있는 아르헨티나에서 살았지요. 또 볼리비아와 브라질에서도 몇 개월씩 지냈고 성인이 되어서는 10년 넘게 이탈리아에서 살았어요. 이처럼 한국인이지만 한국인보다 현지인과 더 많이 사귀어서인지 어느 나라에서도 내 나라에서처럼 살 수 있었어요. 어렸을 때는 집에서 한국말을 쓰고 한식을 먹고 한국식 사고방식을 하는 등 한국 문화를 기반으로 생활하다가 문밖으로 나가면 다른 문화에 적응해 사는 이중 문화의 삶을 살기도 했지요. 다양한 문화권에서 살다 보니, 자연스레 현지인의 생각과 생활 방식, 시각, 관점 등을 당연하게 받아들이기보다 외부인의 시각으로 보게 되었어요. 더불어 한국 문화도 새롭게 돌아볼 수 있었죠.

일상 속 예를 들면 아르헨티나 사람들은 다른 서구 사람들처럼 매일 부드러운 스펀지로 비누 거품을 내서 샤워를 해요. 이들 대부분은 그렇게 씻는 것밖에 본 적이 없기 때문에 몸을 깨끗이 씻는다는 것은 당연히 매일 샤워하는 것이라고만 알고 있지요. 그러나 제가 어렸을 때 부모님은 저를 한국식으로 목욕시키고 때를 밀어 주셨어요. 그래서 전 샤워가 몸을 씻는 유일한 방법이 아니라는 걸 알고 있었고, 샤워가 목욕보다 간단하고 실용적이지만 효과는 떨어진다고 생각했지요. 이렇듯 어린 시절 경험으로 제게는 아르헨티나 사람들에겐 없는 선택권이 있었어요.

한국에 돌아와서도 비슷한 경험을 했어요. 저는 어렸을 때 아르헨티나에 살면서 대화하거나 발표할 때 잘 안 들린다는 말을 많이 들어서 제 목소리가 작다고 생각했어요. 또 손으로 입을 가리고 말하는 습관도 있어서 지적을 많이 받았지요. 전 이런 것이 제 개인적인 특성인 줄 알았어요. 그런데 한국에 와서 보니 그게 저만의 특성이 아니더라고요. 이제는 제가 잘 안 들리니 다른 사람한테 좀 크게 말해달라고 하고, 저처럼 입을 가리고 말하는 사람을 흔히 마주치고 있어요. 즉 한국인이 아르헨티나 사람들에 비해 조용하고 주변을 의식하는 경향이 강하다는 사실을 제 이중 문화 경험을 통해 깨달은 것이에요.

결론은 다른 문화를 배우면 자기 자신을 더 잘 알 수 있게 된다는 것입니다. 자신이 속한 집단에서 혹은 '한국적'이라고 일컬어지는 관점에서 자신을 멀리하면 보이지 않던 것이 보입니다. 더 나아가 '동양적인 나'라는 것이 존재하는지, '한국적인 나'와 '다른 문화의 나'를 구분할 만한 차이가 실제로 존재하는 것인지 의문이 들기도 할 겁니다. 반대로 비교 대상을 만나 보지 못한 사람은 자신의 특성이나 국민성을 제대로 인지하지 못할 수도 있지요. 저는 이러한 점들 때문에 비교문화학에 관심을 갖게 되었답니다. 그러니 여러분도 이런 의문을 가지고 이 글을 읽어 보시기 바랍니다.

'서양의 나'와 '한국의 나'는
정말 다를까요?

문화란 무엇일까요?

▼

우리는 '문화'라는 말을 다양한 상황에서 흔하게 사용해요. 주변에서 흔히 보이는 '문화 센터'의 문화는 어떤 의미일까요? 문화 센터가 무언가를 체험하거나 배우는 장소임을 감안하면, 여기에서의 문화는 음악, 미술, 문학 등을 의미해요. 반면에 '배려하는 문화'처럼 사회 구성원 전체가 공유하는 의식을 일컫기도 하고, '김장 문화'처럼 김치를 만들고 보관하고 소비하는 한국의 전통 음식을 뜻하기도 합니다. 이렇듯 '문화'는 아주 다양한 맥락에서 쓰이는 말입니다. 그렇다면 실제 의미는 무엇일까요?

여러분이 배우는 교과서에서는 이렇게 정의하더군요. 문화는 한 인간이 환경에 적응하고 극복해 가는 과정에서 만들어진 모든 생활 양식이라고요. 자세하게 설명하자면, 문화 센터의 문화는 좁은 의미의 문화로 음악, 미술, 문학과 같이 예술적 가치가 뛰어나거나 교양 있고 세련된 모습을 의미합니다. '배려하는 문화'처럼 사람들이 좀 더 좋은 사회를 만들기 위해 선택한 의식이라거나, '김장 문화'처럼 옛 선조부터 이어져 내려오는 전통 음식 요리법 등은 보다 넓은 의미로서의 문화에 속하지요.

'집'을 예로 들어 볼까요? 인간은 삶의 질을 향상시키기 위해 주변 환경을 계속 바꿔 가며 정리를 합니다. 먼저 추위나 더위, 비, 바람, 햇빛, 먼지, 세균, 짐승, 남의 눈길 등 여러 요소로부터 자신을 보호하기 위해 집을 짓지요. 뿐만 아니라 더 편리한 생활을 위해 집 주변에 도로, 하수, 전기 등의 시설도 설치해요. 이 과정에서 자연의 힘을 빌리기도 하고요. 즉 '집'은 인간이 인간답게, 그리고 안전하고 편하게 살 수 있도록 스스로 만든 환경이라는 점에서 지리적으로 하나의 도시, 나아가 국토 전체가 인간에게는 하나의 '집'일 수 있습니다.

인간은 정신적인 면에서도 주변 환경을 정리하지요. 한 공동체의 각종 습관, 가치관, 법칙, 그리고 이런 것을 보장해 주는 제도나 단체도 인간이 만든 공동의 집이라고 볼 수 있어요. 안전하고 질적으로 높은 삶을 살려면 무엇이 옳고 그른지, 어떻게 살아야 하는지, 그리고 갖춰야 할 지식이나 자세, 삶의 질을 높이는 활동이 무엇인지 등을 정하고 잘 정리하여 만든 정신적인 집인 것이지요.

저는 이렇게 만들어진 모든 '집'이 문화라고 생각해요. 하지만 그 방식은 각기 다르지요. 추운 지방의 집은 집 안의 온기가 빠져나가지 않도록 특수한 방식을 개발하고, 비가 많이 내리는 지역의 집은 땅과 떨어져서 지어져요. 생각의 방식도 다릅니다. 보통 한 지역에 정착하여 오랜 기간 거주하는 사람들은 소유의 개념이 명확하지만 사하라 사막의 투아레그족처럼 유목 생활을 하는 사람들은 소유의 개념이 불분명하지요. 이처럼 문화는 요리법과 입맛에서부터 각종 관습과 제도, 미적 감각, 취향, 시간과 공간 개념, 가치관 등에 이르기까지 한 공동체 내에서 인간이 주변 세상과 자신을 이해하고 가꾸는 과정의 형태 또는 그 결과라고 할 수 있어요. 이렇듯 문화는 물질

문화는 '집'이라고 할 수 있습니다. 한 인간이 환경에 적응하고 극복해 가는 과정에서 만들어지는 생활 양식의 총체인 것이지요.

적이면서 동시에 정신적인 주변 환경의 정리 결과 만들어지는 다양한 '집'이랍니다.

문화는 다양합니다. 같은 음식이라도 지역에 따라 요리 방식, 식사 시간, 먹는 법이 달라요. 예의를 표현하는 방식도 문화마다 다르지요. 반면 문화는 다양성과 함께 보편성도 있습니다. 식습관은 다양하더라도 음식을 나누어 먹는 행위 자체는 여러 문화 집단에서 친교의 수단으로 여겨져요. 또 표현 방식은 다르지만 어느 문화에나 '예의범절'이란 개념은 있지요. 그렇기 때문에 여러 문화를 접하다 보면 문화 간의 차이점과 더불어 유사점도 알 수 있어 다른 문화권을 온전히 이해하게 됩니다. 이를 통해 '나'라는 존재를 넘어서 인간에 대해 더 깊이 이해할 수 있지요.

'서양의 나'는 어떤 특징을 갖고 있을까요?

▼

'나'는 그 어떤 언어로도 간단히 표현됩니다. I, 僕, Io, Yo, Je, Ich, Eu 모두 '나'를 지칭하는 말이에요. 각각은 뜻의 차이도 없습니다. 이렇듯 '나'는 세계 어디에나 있는 보편적인 개념이지요. 하지만 각 문화권에서 나에 대해 생각하고 느끼는 것이 약간씩 다를 수 있어요. 한국인의 자기 체험과 서양인의 자기 체험이 서로 다를 수 있다는 것이지요. 몇 가지 사례를 들어 설명해 볼게요.

먼저 한국인과 서양인이 각각 '개인적 공간'을 어떻게 생각하는지 이야기해 봅시다. 개인적 공간은 학자들이 '자신을 둘러싼 공간'을 지칭하는 용어예요. 유명한 문화 인류학자인 에드워드 홀이 "모든 사람들은 타인의 침입을 거부하는 개인적 공간이 있다."라고 말한 바 있지요. 낯선 사람이 너무 가까이 오면 불편해지고, 반대로 대화를 나눌 때 상대방이 너무 멀리 있어도 불편해지는 마음속 경계가 있다는 말이랍니다.

각자 자신의 경험을 되돌아보면 무의식 속에 이런 경계가 있을 거예요. 낯선 사람은 그 경계를 넘어서지 않아야 하며 가까운 관계일수록 그 경계 안으로 들어와도 되고 아예 그 공간이 사라지는 신체적 접촉도 용납돼요. 상대가 이성, 동성인지 성인, 어린이인지에 따라서도 경계가 다르게 정해지지요. 동성인 경우에는 서로 간의 개인적 공간이 작아지고, 상대가 어린이인 경우에는 그 공간이 아예 없어지기도 해요.

재미있게도 이 개인적 공간의 크기는 문화마다 제각각이에요. 지역마다 또는 개개인마다 차이도 있지만 대체적으로 서양인이 생각하는 개인적 공간은 한국인이 생각하는 개인적 공간보다 더 크다고 합니다. 길을 가다가 낯선 사람과 부딪치게 되었다고 가정해 볼게요. 모든 사람들이 그런 것은 아니지만 영어를 사용하는 서양인이라면 이때 "Sorry."라고 한마디 정도 하고 지나간답니다. 반면 한국인은 그냥 가버리는 경우가 많아요. 평소에 친절하다고 알려진 한국인이 이런 경우엔 사과 한마디 없이 뒤도 돌아보지 않고 가버린다고 하니 이상하지요? 또한 계산대나 행사 입장을 위해 줄을 서는 모습도 다르답니다. 한국인은 모르는 사람이 앞뒤에 있어도 굉장히 가까이 붙어서 줄을 서는 반면, 서양인은 어느 정도 일정한 거리를 유지하고 줄을 서요. 마치 서양인은 자신을 둘러싼 투명한 막이 서로에게 닿으면 터진다고 생각하는 것 같아요.

저 역시도 비슷한 경험을 한 적이 있답니다. 얼마 전에 유럽 친구와 한국 친구, 저 셋이서 쇼핑몰에 바지를 사러 갔어요. 한국 친구가 바지를 골라 입고는 거울 앞에서 비춰 보고 있었고 저와 유럽 친구는 뒤에 서있었는데, 한 아주머니가 지나가다가 바지가 잘 맞나 입어 본 친구의 허벅지를 여러 번 만지면서 천의 질감을 확인하는 거예요. 한국 친구는 그러려니 하면서 가볍게 웃고 말았지만, 제 옆에서 지켜보던 유럽 친구는 놀라움을 금치 못했죠. 그 아주머니의 행동이 서양에서는 굉장히 무례하게 여겨지는 행동이었기 때문이에요. 서양의 기준에서는 상대방의 개인적 공간을 존중하지 않고 침범한 행동이었죠.

이런 차이점은 왜 생긴 걸까요? 단지 인구가 더 많거나 적어서 그런 것은 아니에요. 서양에서도 남미는 땅이 넓고 인구가 적은데 개인적 공간이 비교적 작고, 영국과 덴마크는 국토가 작지만 미국이나 캐나다처럼 개인적 공간이 커요. 일본도 인구 밀도가 낮은 편은 아니지만 미국보다 개인적 공간이 더 크다고 알려졌고요. 이것은 결국 '나'에 대한 인식이 문화마다 다르기 때문에 생겨난 현상이에요. '한국인인 나'에 비해 '서구의 나'가 개별적인 주체로서 인정받고, 존중받고 싶은 욕구가 더 강하거든요.

위생이나 청결에 대해서도 다르게 생각해요. 여기서는 바닥의 더러움과 공동 사용에 대한 인식을 비교해 볼게요. 개인차와 서양 내에서의 지역 차도 있겠지만, 일반적으로 서양인은 바닥의 더러움보다는 다른 사람이 사용한 것을 더 꺼려하는 경향이 있어요. 친한 사이라 하더라도 다른 사람이 한번 쓴 침구는 절대 쓰지 않아요. 공공장소에서 흔히 쓰는 공용 슬리퍼도 꺼려하고 다른 사람이 사용한 목욕탕 물에 몸을 담그는 일은 더더욱 피하지요. 반면 버스나 기차 바닥에 아무것도 깔지 않고 가방을 내려놓거나 앉기도 하고, 공항 바닥에 눕는 것도 꺼리지 않으며, 젖은 공동 화장실을 맨발로 이용하기도 해요.

이와 반대로 한국인은 다른 사람이 사용한 것을 다시 사용하거나 다른 사람과 같이 사용하는 것은 개의치 않아 하지만 바닥이 더러운 것은 꺼리지요. 예를 들면 한국인은 찌개와 전골 같은 음식을 식탁 위에 올려놓고 다 같이 먹잖아요? 하지만 서양인은 타인의 수저가 닿은 음식을 먹는 걸 좋아하지 않아요. 또한 서양인은 집 안에 신발을 신고 많이들 들어가지만, 한국인은 문 앞에 신발을 벗고 들어가는 경우가 많지요. 한국인은 방바닥 위로 신발을 신고 다니면 더러워진다고 느끼니까요.

서양 문화에서는 나의 독립성을 강조하는 만큼 내 몸의 독립도 중요하게 여깁니다. '나는 다른 사람과 섞이지 않을 테야.'라는 생각 때문에 체액이나 침구를 통해서 남과 접촉하는 것을 꺼려하는 것이죠. 그래서 바닥과 같은 사물, 물질에서 오는 더러움보다 다른 사람에게서 나온 것을 더 더럽다고 느낍니다. 반면 한국 문화에서는 '우리는 다 같은 인간으로 신체적 특성을 공유한다.'라고 느끼는 성향이 강한 것 같습니다. 그렇기에 다른 사람의 체액에 대해 꺼리는 마음이 서양인보다 덜한 것이죠.

'나'는 문화의 영향을 받아요
▼

그래서 각각의 문화권이 가지는 '나'에 관한 생각의 틀을 알면 자신을 더 객관적으로 바라볼 수 있습니다. 우리가 자신을 보는 관점은 은연중에 동양의 문화, 한국의 문화에 의해 생겨난 것일 수도 있기 때문이죠. '나'에 대한 생각(자의식)이 세계관, 즉 각각의 문화가 세계를 바라보는 방식과 상호 작용하는 것입니다. 즉 '왜 서구적인 나는 이럴까?'라고 할 때 '서구의 세계관이 이러해서 그렇다.'라고 답할 수 있는 거예요.

조금 더 자세하게 설명할게요. 어렸을 때 다니던 유치원을 커서 가봤더니 유치원 건물이 내가 기억하던 것보다 많이 작았던 경험, 해보셨나요? 당연히 건물이 작아진 것이 아니라 내가 커진 것이지요. 주변에 어린 친구가 많을 때는 내가 컸다고 느끼다가 나이 든 사람들 사이에 있으면 '나는 아직 어리구나.'라는 생각이 들 때도 있고요. 이처럼 나에 대한 인식은 주변에 대한 인식과 맞물려 있어요. 발달심리학에서는 아기가 나를 인식하기 전에 엄마를 먼저 인식한다고 해요. 그리고 엄마를 통해 나를 알게 되고요. '나'라는 말보다 '엄마'라는 말을 먼저 하는 것이 바로 그 때문이지요.

여러분 역시 부모님뿐 아니라 친구, 선생님의 영향을 많이 받지 않나요? 의식하지는 못하지만 '한국인'이라는 민족의식의 영향도 받을 거예요. '나'라는 개념이 독립적이지 않고 사회와 맞물려 있기 때문입니다. 그러니 나를 오롯이 이해하려면 내가 속한 그 문화의 세계관을 이해해야 해요. 세계와 나는 분리할 수 없기 때문이지요.

서양 문화의 뿌리
고대 그리스

고대 그리스 시대를 대표하는 문학 작품부터 살펴볼까요?

▼

앞에서 이야기한 대로 '나'라는 개념은 세계관과 깊이 관련되어 있기 때문에 '서양의 나'를 알기 위해서는 서구의 세계관부터 이해해야 해요. 서구 문화의 뿌리는 고대 그리스 문명과 기독교에서 찾을 수 있어요. 고대 그리스 신화나 서사시를 접해본 적 있나요? 신이 주인공인 다른 고대 문학과 달리 당대 그리스 문학 작품의 주인공은 인간이라는 점에서 고대 그리스 문화는 역사상 최초로 인문주의, 즉 인간이 모든 것의 이상과 기준이 되는 것을 표방했어요. 그것이 지금까지 이어져 서양에서, 특히 유럽에서 인간 중심의 문화를 이룩해

낸 것이죠. 다만 당대의 그리스 인문주의는 오늘날 우리가 알고 있는 것과 달리 운명에 얽매인 비극적인 인문주의였어요.

『일리아드』와 『오이디푸스 왕』에 대해 들어 본 적 있지요? 이 두 작품은 고대 그리스 문화를 잘 보여 주는 대표 문학 작품입니다. 먼저 『일리아드』에 대해서 설명할게요. 그리스 작가 호메로스가 쓴 『일리아드』는 현존하는 그리스 문학 작품 중에서 가장 오래된 작품이에요. 기원전 9세기경에 쓰인 것으로 알려진 이 서사시는 그리스와 트로이 사이에서 벌어진 약 10년간의 전쟁을 다루고 있습니다.

신화 속에서 전쟁이 일어난 원인은 단순했습니다. 바다의 여신 테티스의 결혼식이 열리는 날, 불화의 여신 에리스는 결혼식에 초대받지 않아 화가 나서 '가장 아름다운 여신에게'라고 쓰인 황금 사과를 두고 떠나 버립니다. 이에 지혜의 여신 아테네, 미의 여신 아프로디테, 올림포스 최고의 여신이자 결혼의 수호신인 헤라가 이 사과를 서로 가지기 위해 다투기 시작하죠. 분쟁이 끊이질 않자 제우스는 트로이의 왕자 파리스에게 이 심판을 맡긴답니다. 그리고 파리스는 심판의 보답으로 최고의 미인을 주겠다고 약속한 아프로디테에게 사과를 건네주죠. 이에 아프로디테는 스파르타 왕비인 헬레네가 파리스와 사랑에 빠지게 만들고 그와 함께 달아나도록 도와줘요. 그러자 스파르타 왕 메넬라오스가 그리스 연합군을 만들어 헬레네와 파리스가 있는 트로이 성을 공격하게 되고, 이렇게 전쟁이 시작된답니다.

『일리아드』에서 전쟁의 원인은 신들의 분쟁으로 묘사됩니다. 또한 신들이 전쟁 중에 계속 개입하지요. 대표적으로 아폴로 신은 자신의 사제를 모욕한 그리스군에게 질병을 내려 트로이 편을 들어줘요. 여기에 그리스 장군 아가멤논이 아킬레스의 여인을 빼앗자, 화가 난 아킬레스는 전투를 거부하고 어머니인 바다의 여신 테티스에게 부탁해 신의 왕인 제우스가 자기편을 들게 해요. 이로 인해 그리스군은 큰 위기에 처하게 되고, 아킬레스는 가장 친한 친구가 전사했다는 소식을 듣고서야 고집을 꺾고 되돌아오지요. 그리고 자신의 친한 친구를 죽인 트로이의 왕자이자 영웅인 헥토르를 죽입니다. 이

하나의 황금 사과에서 시작된 트로이 전쟁은 올림포스의 신들이 개입하면서 장장 10년 동안 이어졌어요.

길고 긴 전쟁은 오디세우스가 그 유명한 트로이의 목마를 고안하여 트로이를 패배시키고 나서야 그리스 연합군의 승리로 끝나요.

이번에는 그리스 아테네 출신의 작가 소포클레스가 기원전 5세기에 발표한 『오이디푸스 왕』을 살펴봅시다. 1부에서 테베의 왕인 라이오스가 신탁 때문에 오이디푸스를 버렸다고 다른 선생님이 이야기한 것을 기억하지요? 하지만 그 오이디푸스는 돌고 돌아 결국 신탁의 내용대로 살게 돼요. 여행 중에 낯선 이와 부딪혀 말다툼하다가 그를 죽이게 되는데 그가 바로 오이디푸스의 친아버지인 테베의 왕이었지요. 그리고 테베의 골칫거리이던 스핑크스를 죽이고 영웅으로 추대되어 어머니인 이오카스테와 결혼해 왕위에 오르고요.

그러던 어느 날, 왕국에 역병이 돕니다. 신탁을 받아 보니 "선왕을 죽인 자를 찾아서 복수하면 역병이 물러간다."라는 말을 들어요. 이에 오이디푸스가 선왕의 살해자를 찾기 위해 온갖 노력을 하던 중 예언자 테이레시아스가 살해자는 바로 오이디푸스임을 말해 주지요. 이로써 오이디푸스는 자신이 친아버지를 살해했고, 아내 이오카스테가 자신의 어머니라는 사실을 깨닫게 됩니다. 결국 이오카스테는 자살하고 오이디푸스는 자신의 눈을 찔러 맹인이 된 채 테베를 떠나 각지를 떠돌아다니지요.

고대 그리스인들은 어떻게 세계를 바라보았을까요?

▼

이 두 작품의 주인공은 누구일까요? 먼저 주인공에 대해 간단히 설명하자면 주인공은 이야기를 이끌어 나가는 인물이면서 독자에게 공감의 대상이 되는 존재입니다. 이러한 주인공을 역경에 빠지게 만들면서 긴장감을 더하는 역할이 바로 적대자이죠.

두 작품의 주인공은 인간이에요. 먼저 『일리아드』에 등장하는 아킬레스와 트로이의 헥토르 등은 신체적으로나 인격적으로 훌륭하여 존경할 만한 영웅이지만 완벽하지는 못해요. 그리스 최고의 영웅으로 일컬어지는 아킬레스는 친구의 죽음에 슬퍼할 줄 아는 사람이지만 자신의 여인을 빼앗아 간 아가멤논이 미워서 군 전체의 승리보다 자신의 이기심을 더 앞세우기도 하거든요. 『오이디푸스 왕』의 오이디푸스도 마찬가지입니다. 스핑크스를 무찌르고 테베를 잘 다스린다는 점에서는 완벽한 군주에 가깝지만 자신의 아버지를 죽이고 어머니를 아내로 취하는 비극적인 운명에 휘말린다는 점에서 사람들이 같이 울어 줄 수 있는 인물이지요. 덕분에 독자들은 이런 영웅들의 부족함에 공감하며 감정을 더욱 이입하게 됩니다.

그렇다면 이야기에 계속 개입하는 신들은 이야기 속에서 어떤 존재일까요? 두 작품에서 신은 적대자의 모습에 가깝습니다. 신이 인간의 적대자라니, 어떻게 그럴 수가 있냐고요? 간혹 신은 보호자, 협

력자의 모습을 취하면서도 대체적으로 인간의 운명을 조종합니다. 계속해서 인간사에 끼어들어 인간의 삶을 좌지우지하지요. 파리스처럼 신들 사이의 경쟁에서 노리개처럼 이용당하기도 하고요. 즉 신은 인간에게 행복을 가져다주기도 하지만 대부분은 불행을 안겨 줍니다. 『오이디푸스 왕』에서 나타나는 신의 모습은 특히 적대자에 가깝습니다. 오이디푸스와 그의 부모는 최악의 죄와 불행을 피하려고 있는 힘을 다해 노력하지만 신탁이 말한 그들의 운명을 피할 수 없지요. 결국 인간은 신이 정해 준 운명의 피해자인 거예요.

비극적인 세계관 속에서 고고하게 지켜낸 이상향
▼

이를 통해 보면 고대 그리스인의 세계관은 세상사가 종종 자신의 의도와 다르게 일어난다는 운명론적인 관점을 취하고 있어요. 인간을 신, 더 나아가 운명의 꼭두각시라고 생각했던 것이죠. 또 인간을 둘러싼 자연은 통제할 수 없는, 두렵고 신비로운 세계이고요. 당시 자연은 오늘날 우리가 과학적으로 묘사하는 그런 자연이 아니라 인간이 분석하고 통제할 수 없는 신의 힘이자 표현물이었거든요. 만약 그러한 자연의 섭리를 거스르려는 인간이 있다면 죄인으로 보았지요. 그래서 고대 그리스 세계에서는 인간에게 허용된 영역이 그렇게 크지 않답니다. 인간은 자연 속에서 살아야 한다는 생각 때문에 불안에 떨며 자연을 관장하는 여러 신의 총애를 받으려고 노력할 뿐이었지요.

　내 운명이 내게 달려 있지 않다면, 그리스인이 그렇게도 사랑했던 인간의 위대함과 능력이 다 무슨 소용일까요? 또한 내가 아무리 큰 잘못을 하더라도 그 책임은 결국 내가 아니라 신이나 운명에 있다는 것일까요? 이에 관해서는 여러 해석이 존재할 수 있겠지만 저의 답은 '그렇다.'예요. 고대 그리스 문화가 탄생시킨 '비극적인 인문주의'는 바로 이런 인간의 고통과 불행의 불가피함을 말합니다. 그러나 고대 그리스인들은 신들이 정해 준 운명을 받아들이면서도 자신들의 존엄과 높은 이상향을 포기하지 않았습니다. 오히려 불행한 운명을 품위 있고 용감한 자세로 받아들이며 끝까지 그 존엄을 지키려 했지요. 이러한 모습은 기독교를 거쳐 오늘날 서구 인문주의의 기반이 됩니다.

'서양의 주체적인 나'를 만들어 낸 기독교

기독교는 어떤 종교일까요?

▼

서양의 세계관에 고대 그리스 다음으로 많은 영향을 끼친 것은 기독교입니다. 기독교는 기원전 7~4년경 마리아의 아들로 태어난 예수 그리스도에 의해 창시된 종교입니다. 현재는 이슬람교, 불교와 함께 세계 3대 종교로 꼽힐 정도로 전 세계에 영향을 끼치고 있지요. 한국에서는 그 영향이 조금 덜하지만 서양인들의 사고방식과 기독교는 떼려야 뗄 수 없는 관계예요.

이러한 기독교의 특정 세계관을 집대성해 놓은 책이 바로 성경입니다. 성경은 단순한 책이 아닙니다. 하느님의 말씀으로 받아들여졌기 때문에 기독교가 퍼진 시기부터 사람들 삶의 방식에 지대한 영향을 끼쳤지요. 유럽 문화 곳곳에 그 흔적이 있습니다. 그림, 조각, 건축 등 시각적인 예술 작품 중에는 문맹률이 높았던 당시 사회에서 일반 사람들에게 '가난한 이의 성경'이라고도 불릴 정도로 성경 내용을 주제로 하는 것이 많았어요. 시간 체계, 법 등 사회 전반의 제도 및 관습 역시 성경의 세계관을 근거로 하고 있지요. 또한 당시에 대학을 비롯한 대부분의 교육 기관에서 기독교의 가르침을 연구했다는 점을 미루어 보면 성경은 당시 서구 사회의 중심이었던 것이 분명해요.

이러한 성경은 원래 기원전 약 15세기부터 기원후 2세기까지 1700년에 걸쳐 쓰인 예순여섯 권의 책이었다고 합니다. 성경 속에 담긴 기독교의 주요 주장을 한번 살펴볼까요?

ㄱ) 신은 하나다

그리스·로마 신화에는 올림포스 열두 신 이외에도 수많은 신이 등장합니다. 반면에 기독교는 신이 한 명이라고 주장합니다.

ㄴ) 신은 선하고 전능하다

성경에서 신은 유일하기에 경쟁자도 없고 못하는 것이 없어요. 완벽하기에 흔들리거나 후회할 일도 없지요. 그래서 성경에서는 든든한 의지가 된다는 의미로 신을 '바위'라고도 부른답니다.

ㄷ) 신은 세상의 창조주이다

성경에 등장하는 신은 창조주입니다. 그리스 신화의 신들은 자연적 힘 그

자체이자 그 영역을 관리하는 존재라면 성경 속에서 신은 그들을 창조해

낸 근원이라고 할 수 있지요.

중세 시대, 독립 의식이 싹트기 시작했어요

▼

우리는 이 세 번째 특징을 가장 주의 깊게 살펴볼 필요가 있어요.

고대 그리스 세계에서는 자연 곳곳에 인격을 부여하여 그와 대응되

기독교는 세계3대 종교 중 하나로 세계의 정치, 경제, 문화에 큰 영향을 주며 신도 수는 약 10억 명이
넘는다고 알려져 있습니다.

는 신을 만들고 숭배할 정도로 자연을 신비롭게 여겼어요. 그리고 그런 자연을 어찌하지 못하기 때문에 위협적으로 느꼈지요.

하지만 기독교의 사상이 널리 알려지면서 신비로운 특성을 잃어 버린 자연은 더 이상 인간에게 위협적이지 않게 되었어요. 성경에 따르면 신은 인간을 세상의 정점으로 창조했거든요. 인간은 세상의 주인인 신의 대리인으로서 세상을 가꾸고 다스리라는 사명을 받은 존재이기 때문에 자연을 두려워할 필요가 없었던 것이죠. 그래서 자연과 맞설 때 두려움보다는 우월성과 책임감, 그리고 주인 의식을 느꼈어요. 서구의 특징인 세계 탐험과 정복 의지가 이런 세계관에 의해 가능해졌고, 실험 과학의 탄생도 여기에서 비롯했다는 의견이 있지요.

무엇보다 기독교의 교리는 인간의 독립성을 보장했답니다. 고대 그리스 세계관에서 신은 인간의 보호자가 되는 동시에 인간의 자유 의지를 무력하게 만드는 적대자이지요. 하지만 기독교 세계관에서 신은 인간을 자신의 모습과 같이 창조해 사랑하는 아버지예요. 성경 속에서 인간의 구원자 역할을 하지요. 그리고 인간의 동의와 협조 없이는 구원을 위한 어떤 것도 하지 않습니다. 인간은 신의 종이 아니라 자녀이기 때문이죠. 그래서 인간의 적대자는 신이 아닌 인간입니다. 다시 말해 인류의 구원을 바라는 신의 뜻에 인간의 완고함과 악이 적대하는 것이지요.

『오이디푸스 왕』에서는 오이디푸스가 왕국에 떠도는 역병으로 인해 예언자의 말 한마디에 자신의 눈을 찌르고 왕국을 떠돌잖아요? 오이디푸스의 어머니이자 아내인 이오카스테 또한 자결을 결심하고요. 고대 그리스 시대에서는 두 인물 모두 사회 공동체의 인정을 저버릴 수 없었기 때문에 그런 선택을 한 것이지요.

하지만 기독교의 세계관 안에서는 '나'를 창조한 신이 진정한 가치의 기준을 만들어 준다고 생각합니다. 양심을 통해 들리는 하느님의 음성을 거스르는 것이야말로 진정한 죄라고 생각하지요. 이런 문화적 맥락에서는 내 행동에 대한 남의 판단을 신경 쓰지 않는 것이 미덕일 수도 있어요. 즉 내적 자유와 독립성이 더욱 강조되기 시작한 것입니다. 이렇다 보니 인간은 이제 주변의 시선, 공동체의 판단에서 자유로워지고 내면의 양심이 들려주는 소리에 귀 기울이게 됩니다.

이렇게 '나'는 신과 본인 앞에서만 투명하게 나타나면 되기 때문에 타인 앞에서는 그만큼의 독립성을 확보해 갑니다. 인간의 재능과 자연계는 신이 인간에게 맡긴 것이므로 잘 관리해서 번성시킬 의무가 있다고도 생각하고요. 중세를 거쳐 운명 대신 자유와 그에 따른 책임감이 강해지고, 비극적인 운명을 바꿀 자율성, 능동성, 독창성을 강조하는 문화가 서서히 나타나기 시작한 것입니다.

'거리 두기'를 통해
발견하는 진짜 나의 모습

서양의 기준에서 우리는 어떨까요?
▼

고대 그리스 문화는 기독교의 영향을 받으면서 긍정적인 마음과 자신감이 강한 인문주의 문화로 변화합니다. 자연에 대한 두려움이 약해지면서 인간은 자신의 능력을 마음껏 발휘할 수 있게 되지요. 또한 인간의 삶에서 결정적인 힘은 운명이나 공동체가 아닌 개인에게서 나오고요. 내 생각과 판단, 결심이 행동의 중심이 된 거예요.

앞에서 이야기한 개인적 공간, 신체적 독립, 사적 영역의 침범에 대한 예민함은 모두 이런 서양인의 자아를 나타내는 특징입니다. 주체성이나 개인성이 강한 '서구 문화의 나'는 독립심이 강하기 때문에 개인적 공간을 중요시하고 낯선 이가 침범하지 않을 것을 강조하지요.

반면 '한국 문화의 나'는 개인보다는 '우리'를 우선시해요. '나'라는 존재를 독립적인 주체라기보다 다양하고 복잡한 인간관계의 출발점으로 여깁니다. 이런 이유에서 나와 남의 것을 분명히 구분하는 경향이 강한 서양인과 달리 한국인은 남의 일과 내 일을 서양인만큼 확실히 구분하지는 않아요.

한국인은 왜 이러한 특징을 갖느냐고요? 이 질문의 정확한 답은 한국 문화 전문가에게 들어야 하지만 아마도 그 이유는 한 가지가 아니라 지리적, 역사적, 사상적 특징 등의 복합적인 결과라고 생각해요. 개인보다 집단을 우선시하는 집단주의적 사고가 한국인의 생존 및 유지에 필요한 부분이기도 했고, 한국 유교 사상의 핵심이 신과 개인의 수직적 관계가 아니라 공동체 내의 여러 관계에서 지켜야 할 도리였으니까요.

지금까지 내가 알고 있던 나는 있는 그대로의 모습일까요?

▼

저는 이제 설명을 마무리하려 합니다. 이 글을 읽는 여러분이 각자의 경험을 되돌아보며 '나'를 발견하기를 기대합니다. 그동안 자신이 나에 대한 인식을 너무 당연시하지 않았는지, 주류 문화의 지배적인 사고방식에 갇혀 있지는 않았는지, 그 사고방식만이 진짜 '나의 것'이라고 생각하지는 않았는지 거리를 두고 자신을 바라보세요. 여러 분야의 인문학과 다른 문화를 접하면서 내가 속한 문화와의 유사점과 차이점, 우리 문화에서도 바뀌고 있거나 바뀐 점, 그리고 나의 개인적 경험을 자문해 보고요. 여러분은 '나'를 어떻게 이해하고 있나요?

❶ 상자 안에 있는 대화를 살펴보세요. 한국어와 영어의 답은 누구의 입장

에서 하는 것일까요? 이런 차이가 '나'의 인식과 어떻게 연결될까요?

[한국어]
A: 너는 케이팝을 좋아하지 않잖아?
B: 응.(좋아하지 않아.)

[영어]
A: Hey, you don't like Kpop, do you?
B: No.(I don't like Kpop.)

❷ 본문에서 일본인의 개인적 공간에 대해 짧게 언급했었지요? 같은 동양

권 문화인데도 개인적 공간의 크기가 다른 이유를 추측해 보세요.

いらっしゃいませ

♯

KKK @

언어학은 사람의 말을 연구하는 학문이에요. 서로 다른 언어를 사용하는 사람들은 같은 상황을 다르게 생각하기도 합니다. 그렇기에 자신이 사용하는 언어를 마주하면 '나'를 제대로 알 수 있습니다. 언어는 그 사람의 교육 수준, 경제력, 사회적 위치뿐만 아니라 사고방식을 보여 주는 지표이기 때문입니다.

– 연규동 선생님

내가 사용하는 말을 살펴보면
'나의 사고방식'을 알 수 있어요

언어란
무엇일까요?

인간만이 말을 할 수 있어요

▼

말을 하는 것은 인간만이 가지는 특징이에요. 가끔 텔레비전에 인간의 말을 알아듣거나 따라 하는 동물들이 나오곤 해요. 강아지를 키우는 사람이라면 자신의 강아지가 "앉아." 하면 앉고, "발." 하면 앞발을 내미는 것을 본 적 있을 거고요. 하지만 강아지가 인간의 말을 알아들어서 그렇게 행동하는 건 아니랍니다. 그저 사람이 보여주는 신호(이를테면 손을 내미는 동작 등)에 따라 반응한 것에 불과하지요. 앵무새가 사람의 말을 따라 하는 경우를 봤을 수도 있겠군요. 이 또한 인간의 말을 흉내 낸 것일 뿐이에요. 동물의 언어 또는 의사소통에 대해서 아직 완전히 밝혀지지는 않았지만, 지금까지를 보면 사람처럼 말을 하는 동물은 없다고 해도 좋아요.

말은 소리와 뜻의 결합이에요

▼

말을 하려면 먼저 소리를 내야 해요. 하지만 소리가 모두 '말'이 되지는 않습니다. 예를 들어 새가 지저귀는 소리를 들어 보세요. 예쁘다거나 아름답다고 느낄 수는 있지만 그 소리의 의미를 알아들을 수는 없잖아요? 태어난 지 얼마 되지 않는 아기가 울 때에도 마찬가지이죠. 배가 고프다거나 어딘가 불편하다고 짐작할 수는 있지만 아기가 무엇을 원하는지 정확히 알려면 2~3년은 더 기다려야 할 거예요.

강머

위의 단어를 읽어 볼까요? 누구나 [강머]라고 소리 낼 수는 있지만 뜻이 없기 때문에 이 단어는 '말'이라고 할 수 없어요. 이처럼 무슨 소리인지는 들었지만 뜻을 제대로 이해할 수 없는 경우에 우리는 흔히 "말이야, 막걸리야." "말이야, 방구야."와 같이 말하기도 해요.

이런 뜻을 가진 단어를 생각해 볼까요? 맞아요. '죄책감'이라고 해요. 그럼 '잘못을 저지른 후에 목격자가 없으니 빠져나갈 수 있다고 느끼는 마음'은 무엇이라고 할까요? 한국어에는 이런 의미의 단어가 없어요. 뜻은 있지만 소리가 없는 경우라고 할 수 있겠네요. 이처럼 우리는 머릿속에 있는 생각을 입으로 소리 낼 수 없는 경우에 "그 심정을 이루 말할 수 없다." "말로 다 표현하기 어렵다."라고 말하지요.

따라서 '말'에는 소리와 함께 뜻이 포함되어야 합니다. 소리만 있어도 말이 아니고, 뜻만 있어도 말이 아니지요. 여기에서 뜻은 바로 생각입니다. 입에서 나오는 소리를 통해서 우리는 자신의 생각을 전달할 수 있고 나를 표현할 수 있습니다.

말 외에도 의사소통 방법이 있을까요?

▼

생각을 전달하는 방법은 말 외에도 다양해요. 부처님의 일화를 통해 살펴볼게요. 부처님께서 어느 날 연꽃 한 송이를 든 채 아무 말 없이 계셨다고 해요. 거기에 모인 사람들 모두 어리둥절했지요. 가섭이라는 제자만이 그 뜻을 알고 미소를 지었다고 합니다. 연꽃이 지

저분한 진흙에서 자라지만 깨끗하고 아름답듯이, 어지러운 세상에서 큰 깨달음을 얻으면 깨끗하고 아름다운 경지에 오를 수 있다는 부처님의 말씀을 이해한 것이었죠. 가섭과 부처님은 말이 아니라 마음에서 마음으로 소통한 거예요. 이때부터 '마음에서 마음으로 뜻이 통한다.'라는 의미를 가진 염화시중(拈華示衆: 꽃을 집어 들어 무리에게 보이다.)이라는 표현이 나왔어요. 다른 말로는 이심전심(以心傳心: 마음에서 마음으로 전한다.)이라고도 합니다.

여러분도 친한 친구가 말로 표현하지 않지만 어떤 생각을 가지고 있는지 이해한 적이 있을 거예요. 친구의 표정, 눈빛, 행동만 보고도 말이에요. 예를 들어 나를 보고 친구가 웃으면 기분이 좋은 거예요. 반대로 친구가 나를 보고 얼굴을 찡그린다면 무슨 일이 있는 것이겠죠. 또 누군가가 나를 향해 손을 계속 흔든다면 반갑다는 뜻이고요.

이밖에도 말 외에 생각을 전달하는 도구는 아주 많아요. 하지만 지금 나의 생각을 가장 정확하게 전달하는 방법은 바로 '말'이에요. 말이 없으면 마음속에 들어 있는 내 생각을 제대로 표현할 수 없어요. 우리나라 옛말에 "고기는 씹어야 맛이고, 말은 해야 맛이다."라는 격언이 있듯이, 말을 해야만 자신의 생각과 감정을 정확하게 전달하고 원활한 의사소통을 이룰 수 있답니다.

말은 사회적으로 정한 약속이에요

▼

우리가 사용하는 말 하나하나에는 아무런 규칙이 없어요. 예를 들어 한국 사람들은 '바다나 땅 위로 해와 달, 무수한 별들이 널려 있는 넓은 공간'을 '하늘'이라고 말해요. 하지만 그 공간을 꼭 '하늘'이라고 불러야 할 이유가 있는 것은 아니에요. '하늘'이라는 단어에는 하늘의 속성이 들어 있지 않거든요. 그저 자음 [ㅎ, ㄴ, ㄹ]과 모음 [ㅏ, ㅡ]을 연결한 단어일 뿐이죠. 그렇기 때문에 다른 나라 말에서는 자음 [ㅅ, ㅋ]과 모음 [ㅏ, ㅣ]을 연결해서 부르기도 하고(영어 sky[스카이]), 자음 [ㅅ, ㄹ]과 모음 [ㅗ, ㅏ]을 사용해서 말하기도 해요(일본어 そら[소라]). 그러니 한국어에서 하늘을 '하늘'이라고 부르는 것은 그저 오래전부터 관습적으로 정해진 약속일 뿐이지요.

셰익스피어는 『로미오와 줄리엣』에서 줄리엣의 입을 빌려 다음과 같이 말했답니다.

"장미를 다른 이름으로 부른다 해도 상큼한 향기엔 변화가 없어요. 로미오 역시 이름이 로미오가 아니더라도 이름과는 상관없이 완벽한 사랑스러움을 간직할 거예요."

줄리엣은 자신이 사랑하는 남자가 '로미오'라는 이름과는 관련이 없다고 말해요. 다시 말해 자신의 집안과 원수 사이인 남자의 이름 '로미오'에는 자신이 사랑하는 남자의 속성이 들어 있지 않다는 것이지요. 중요한 것은 자신이 사랑하는 남자일 뿐이지 그 남자를 규정하는 외형적인 조건(여기에서는 이름)은 중요하지 않다는 고백이에요. 줄리엣이 예로 든 '장미' 역시 자음 [ㅈ, ㅇ, ㅁ]과 모음 [ㅏ, ㅣ]으로 이루어졌을 뿐 장미꽃이 가진 속성을 가지고 있지는 않지요. 그러므로 그 꽃을 꼭 장미라고 불러야 할 이유는 없답니다. 중요한 것은 그 이름이 아니라 꽃이 가진 본질(여기에서는 상큼한 향기)이지요.

말의 소리와 뜻은 꼭 일치하지 않아요

▼

오른쪽 그림은 미술가 르네 마그리트가 그린 그림이에요. 각각의 그림과 그림 아래에 쓰여 있는 단어는 우리가 알고 있는 것과 일치하지 않아요. 이를테면 달걀 그림 밑에는 '아카시아l'acacia', 구두 그림 밑에는 '달la lune'이라고 써있지요. 이 그림은 말의 소리와 뜻이 고정되어 있지 않는다는 걸 보여 줘요. 말과 사물은 일대일 대응이 아니라 그저 우연적으로 만났을

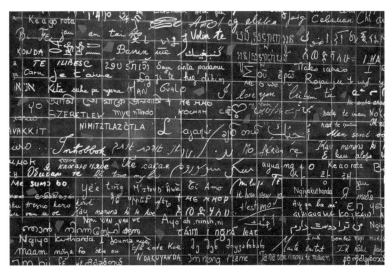

프랑스 파리에 있는 일명 '사랑해 벽화'예요. 쓰여 있는 세계 여러 언어는 모두 하나같이 '사랑해'라는 뜻이랍니다.

뿐이죠. 마그리트는 단순히 사물을 지칭하는 것에 불과한 말 때문에 사물의 본질을 혼동하는 대중을 조롱하고자 이런 그림을 그렸다고 하네요. 그러니까 겉모습에 얽매여서 그 단어가 가진 본래의 의미를 오해하지 말자는 뜻이에요.

이처럼 단어의 소리와 뜻에는 아무런 연관이 없답니다. 프랑스 파리 몽마르트 언덕에 위치한 공원에는 세계 여러 언어가 적힌 벽화가 있어요. 수많은 말이 적혀 있지만 그 말의 뜻은 모두 단 하나, '사랑해.'입니다. 이처럼 내가 그 사람에게 가진 감정을 어떤 말로 표현하든지 간에 그 말에 담긴 본질은 변하지 않습니다.

같은 언어를 쓰는 사람들끼리 모여 있는 한 나라 안에서도 하나의 사물을 두고 다르게 말하는 경우가 있어요. 예를 들어 우리나라에는 봄에 파처럼 자라나는 식물을 '부추'라고 하는 지역, '정구지'라고 하는 지역, '소풀'이나 '솔'이라고 하는 지역이 있지요. 또 북한에서는 오징어를 '낙지'라고 한답니다. 강원도 강릉 지역에서는 '고모'와 '이모'를 '아재'라고 불러요. 다른 지역에서 '아재'를 주로 남자에게만 쓰는 것과 비교하면 재미있는 현상이지요. 제주도에서는 남녀를 불문하고 친척 어른이나 이웃의 어른들을 모두 '삼촌'으로 부른다고 해요. 그러니까 제주도를 배경으로 하는 소설 『순이 삼촌』의 주인공인 순이 삼촌이 이모 혹은 고모와 같은 친척 아주머니일 수 있지요. 실제로 이 소설의 영어 번역본 제목은 『Aunt Suni』랍니다.

이렇게 고정되지 않고 계속 변화하는 말, 즉 언어가 '나'를 발견하는 데 어떤 도움을 줄까요? 간단하게 답하자면, 말에는 생각이 담깁니다. 그래서 누군가가 하는 말에 담긴 생각을 살펴보면 그 사람이 어떤 사람인지, 그 사람이 속한 사회는 어떤 곳인지 알 수 있답니다.

언어는
나의 사고에 영향을 끼쳐요

사회마다 다른 생각이 언어 표현을 다양하게 만들어요
▼

여러 가지 아이스크림을 파는 가게에 가본 적이 있겠지요? 색깔이나 맛이 제각각인 아이스크림은 모두 자기만의 이름을 가지고 있어요. 여러분은 대부분 아이스크림 이름을 서너 개 이상은 말할 수 있을 거예요. 하지만 그 이름을 모르는 사람에게는 어느 것이나 다 '아이스크림'에 불과하답니다. 그렇다고 해서 이들이 각각의 아이스크림에 들어 있는 향료나 첨가물의 맛이 똑같다고 생각하지는 않아요. 그저 어떻게 아이스크림을 세세히 분류해야 할지 모르는 것일 뿐이죠.

외국어와 비교해 보면 이 같은 현상을 더 잘 이해할 수 있어요. 형제자매 호칭을 예로 들어 볼까요? 영어에서는 형제자매를 brother와 sister로만 나눕니다. 나이를 구분할 때면 elder, younger를 덧붙이는 정도죠. 하지만 한국어에서는 부르는 사람과 상대방의 성별, 나이에 따라 '형' '오빠' '누나' '언니' '동생'과 같이 다양하게 구분해요. 일본어는 또 달라요. 자신보다 나이가 많은 형제자매를 부를 때는 자신의 성별과 관계없이 상대방의 성별에 맞춰 남성은 '아니あに', 여성은 '아네あね'라고 부릅니다. 자신보다 나이가 어린 형제자매 역

시 상대방의 성별에 따라서만 '오토우토おとうと' '이모우토いもうと'라고 하지요. 중국어도 일본어와 같아요.

다른 예를 들어 볼게요. 영미권에서는 '벼' '쌀' '밥'을 모두 rice라고 합니다. 영어를 쓰는 사람들은 논에서 자라는 벼, 벼에서 껍질을 벗겨 낸 알맹이인 쌀, 쌀을 익혀 만든 밥의 차이를 구분할 수 없는 걸까요?

그들이 벼와 쌀과 밥을 구분하

어려서부터 말을 타는 일이 익숙한 몽골에서는 말의 종류를 다양하게 구분합니다. 암수와 나이에 따라 구분하는 단어가 따로 있지요. 한국어에서 모두 '말'이라고 통칭하고 굳이 구분하고 싶을 때에만 '한 살 난 말' '수컷 말'이라고 하는 것과는 아주 다릅니다.

지 못하는 것은 아니에요. 다만 밀을 주식으로 하는 그들의 입장에서는 이 세 가지를 구분하는 것이 그다지 중요하지 않기 때문에 쌀에 관한 용어가 발달하지 않았던 것이죠. 반면 우리나라는 쌀을 경작하고 주식으로 하는 문화권이라서 쌀의 종류를 구별하는 명칭이 다양하며 쌀의 상태에 따라 부르는 용어도 다른 것입니다.

이처럼 세상에 있는 모든 사물과 존재 등은 지역 및 사회에 따라 분류하는 방식이 다릅니다. 어떤 지역에서는 신체 용어가, 어떤 사회에서는 커피 용어가 다양하지요. 얼음의 단단한 정도에 따라 얼음을 제각기 다르게 부르는 사회도 있어요. 언어에는 사회의 문화와 생활 양식이 담긴다는 사실을 잘 알 수 있는 예인 것이죠.

언어가 우리의 가치관을 결정하기도 해요

▼

아이스크림 종류를 잘 모르는 사람은 설명을 듣는다고 해도 원하는 것을 제대로 주문하기 쉽지 않을 거예요. 마찬가지로 쌀이나 커피에 대한 다양한 명칭을 알고 있는 사람이어야 여러 종류의 쌀이나 커피를 정확하게 구분할 수 있지요. 이러한 구분 방식은 어릴 때부터 공동체에서 언어를 배우면서 자연스럽게 학습됩니다. 그리고 배우고 나면 무의식 속에 그 말에 따라 사물을 분류하는 사고가 자리잡지요. 즉 배운 말에 따라 사물을 분류하게 되는 것입니다.

그렇기에 세상을 바라보는 방식의 차이는 언어가 다르기 때문에 생겨난다고도 할 수 있습니다. 사고가 언어보다 먼저 형성되는 것은 분명하지만, 일단 형성된 언어가 사물을 지각하고 생각하는 방식에 영향을 주는 것이지요. 이를 "언어가 분절分節해 주는 대로(또는 언어가 쪼개 주는 대로) 세상을 바라본다."라고 합니다. 말의 세세한 분류 방식을 알고 있는 몽골인과 '벼' '쌀' '밥'의 차이를 알고 있는 한국인은 이러한 차이를 다른 언어로 표현하기 어려운 이유가 이 때문이지요.

이처럼 인간의 사고와 언어 사이에 중요한 관계가 있다고 보는 입장을 언어결정론이라고 합니다. 언어결정론만큼은 아니지만 인간의 사고와 언어는 어느 정도 관련이 있다고 보는 입장을 언어상대성이라고 하고요. 언어결정론과 언어상대성 두 가설은 모두 언어가 우리의 생각을 결정한다는 이론입니다. 사람들의 생각이 다른 이유는 그들이 사용하고 있는 언어가 다르기 때문이라는 것이지요.

이런 생각을 바탕으로 만들어진 작품이 2016년 미국에서 만든 영화 〈컨택트〉입니다. 영화는 서로의 언어 체계를 전혀 알지 못하는 외계인과 인간이 어떻게 의사소통을 하는지 다루고 있습니다. 그리고 마침내 외계인이 지구에 온 이유를 주인공이 알게 되면서 영화는 끝을 맺지요. 이 영화에서 주목해야 할 부분은 언어학자인 여자 주인공이 외계인의 언어 구조를 배우고 난 후입니다. 기본적으로 소리와 뜻만 포함하는 인간의 말과 달리 영화 속 외계인의 의사소통 체계는 시간성을 가지고 있습니다. 쉽게 말해 그들의 언어를 익히면 미래를 볼 수 있게 되죠. 그래서 여자 주인공은 외계인의 언어 체계

영화 〈컨택트〉는 외계인이 지구에 온 이유를 밝히고자 노력하는 언어학자와 과학자들의 이야기입니다. 그를 통해 '외계인과 의사소통하는 방법'을 전면에 내세우지요.

를 알고 난 후 삶을 대하는 자세가 달라집니다. 새로운 언어를 통해 사고방식이 변화한 것이죠.

언어는 기억을 왜곡시켜요

▼

언어는 공동체의 사고방식과 가치관뿐만 아니라 한 사람의 개인적인 판단에도 영향을 줍니다. 관련 실험을 살펴볼까요? 학자들은 자동차 두 대가 부딪치는 교통사고 영상을 두 그룹의 사람들에게 보여 주고 다음과 같이 다르게 질문했다고 합니다.

A그룹에게 한 질문 : "이 자동차가 다른 차와 접촉할 때 속도가 얼마나 되었죠?"

B그룹에게 한 질문 : "이 자동차가 다른 차와 충돌할 때 속도가 얼마나 되었죠?"

이 질문에 B그룹에서 답한 자동차의 평균 속도가 A그룹보다 더 높았다고 합니다. 똑같은 영상을 보았지만 '접촉'과 '충돌'이라는 두 단어의 영향으로 자신이 바라본 현실을 다르게 받아들인 것이죠. 또한 동사 '충돌하다'가 들어 있는 질문을 받은 B그룹은 "깨진 유리를 보았나요?"라는 질문에 "보았다."라고 답하기도 했다고 합니다. 실제 이 영상에는 깨진 유리가 없었는데도 말이에요. 이러한 결과는 어떤 단어를 사용하느냐에 따라 기억이 왜곡될 수 있다는 것을 보여 줍니다.

또 다른 예를 들어 보겠습니다. 어떤 마을에 600명의 사람이 살고 있습니다. 그런데 어느 날 무서운 질병이 발생해서 마을 사람 모두가 죽게 될 상황에 놓여요. 이때 다음과 같은 두 가지 치료법이 있다고 가정해 볼게요. 여러분이 질병관리본부의 책임자라면 어떤 치료법을 선택할 건가요?

치료법 A: 200명을 구할 수 있다.

치료법 B: 3분의 1의 확률로 600명을 구할 수 있다.

실험 대상자들 대부분은 치료법 A를 택했다고 합니다. 그러면 이 질문에서 약간만 말을 바꿔 볼까요?

치료법 C: 400명이 죽을 수 있다.

치료법 D: 3분의 2의 확률로 600명이 죽을 수 있다.

이 경우에 실험 대상자들은 치료법 D를 선택했습니다. 그런데 모두들 눈치챘나요? 치료법 A와 B, C와 D는 모두 같은 이야기입니다.

첫 번째 질문 중 치료법 B 역시 600명의 3분의 1은 200명이니, A와 B 모두 200명을 구할 수 있는 치료법이지요. 두 번째 질문 역시 똑같은 말을 다르게 표현한 것입니다.

두 개의 치료법은 모두 같은 의미인데 왜 선택의 차이가 생기는 걸까요? 여러 가지로 설명할 수 있지만 언어학에서는 '구하다'와 '죽다'라는 단어가 영향을 주었다고 봅니다. 다시 말해서 실험 대상자들은 사람을 구할 수만 있다면 확률보다는 확실하게 200명을 구할 수 있는 치료법 A에 더 끌린 것입니다. 그와 반대로 사람이 죽어야 한다면 확실하게 400명이 죽는 것보다는 확률적으로 죽는 치료법 D에 더 끌린 것이고요. "컵에 물이 반이나 남았다."와 "컵에 물이 반밖에 남지 않았다."라는 언어 표현도 이와 비슷한 경우입니다.

이렇듯 언어는 사고에 영향을 미칩니다. 한국어를 사용하는 사람은 모두 한국어에 기반을 두고 사고하게 되는 것이고요. 예를 들어 한국인들이 상대방의 '나이'에 굉장히 관심을 가지는 이유는 한국어 체계에 높임말이 발달해 있기 때문이지요. 상대방과 자연스럽게 대화를 이어 나가기 위해서는 상대방이 자신보다 나이가 많은지 혹은 적은지 알아야 하니까요.

바른 언어는 세상을 긍정적으로 바꿔요

▼

　지금까지 살펴본 것처럼 언어는 사회를 반영하기도 하고 우리 사고에 영향을 주기도 하지요. 그래서 우리는 언어를 바르게 다듬는 노력을 게을리하지 않아야 합니다. 요즘에는 '청소부'라는 말 대신에 '환경미화원'이라고 쓰거나 '때밀이 아줌마' '보험 아줌마'라는 말 대신 '목욕 관리사' '보험 설계사'와 같은 단어로 바꿔 부르잖아요? 물론 이름이 달라진다고 해서 그 직업이 바뀌는 것은 아닙니다. 하지만 그 말을 사용하고 듣는 사람들이 그 직업에 대해 더 친근하고, 긍정적으로 생각할 수 있지요. 언어가 직업에 대한 인식, 더 나아가 세상에 대한 인식을 바꾸는 것입니다.

　이처럼 언어를 살펴보는 일은 자기 발견에 한 걸음 더 가까이 다가가게 만들어 줍니다. 인간의 사고는 언어보다 당연히 앞섭니다. 그러나 일단 언어가 형성된 다음에는 인간이 사물을 지각하고 세상을 바라보는 데 큰 영향을 끼치지요. 그래서 말을 살펴보면 그 사람이 속한 사회의 가치관을 알 수 있습니다. 더 나아가 '사회적 나'와 구별되는 '있는 그대로의 나'를 발견할 수도 있지요.

외국어를 서투르게 배우면
정체성이 흔들려요

아기는 어떻게 말을 배울까요?

▼

인간의 언어 습득은 매우 이른 시기에 이루어집니다. 모국어의 주요 요소는 문법 구조나 소리 구조에 상관없이 만 3~4세 무렵에 습득한다고 알려져 있어요. 그렇다면 아기는 어떻게 말을 배우는 걸까요? 아기가 말을 배우기 위해서는 주변 사람들에게서 언어 자극을 받아야 한다고 합니다. 즉 엄마나 주변 어른들이 말하는 소리를 많이 들어야 한다는 것이죠. 인간 세상에서 벗어나 동물들과 함께 생활하던 아이가 인간의 말을 제대로 하지 못하는 이유 중 하나는 인간의 언어로 자극을 받지 못했기 때문입니다. 그렇다면 아기는 단지 어른의 말을 반복적으로 따라 해서 말을 배우는 것일까요?

아이들은 주변에서 듣는 말을 단순히 모방하지만은 않습니다. 다음 대화를 살펴볼게요.

> 엄마 : "또 줘?"
>
> 아이 : "또 줘."
>
> 엄마 : "물 또 줘?"
>
> 아이 : "또 물 줘."
>
> 엄마 : "물 또 줘?"
>
> 아이 : "또 물 줘."

엄마는 몇 번이나 "물 또 줘?"라고 올바른 어순으로 말하지만 아이는 일관되게 "또 물 줘."라고 대답합니다. 엄마의 말을 무시하고 자신의 말만 계속 반복하지요. 서양에서도 영어를 배우는 아이가 go - went - gone과 같이 변화하는 동사 go의 불규칙 과거형을 goed라고 잘못 말하는 경우가 흔히 있다고 합니다.

이러한 예는 단순히 어린아이의 실수라고 볼 수 없습니다. 왜냐하면 아이들이 '또 물 줘'나 'goed'와 같은 표현을 들은 적은 없을 테니까요. 이렇게 실수처럼 보이는 표현은 어린아이가 스스로 머릿속에서 언어 규칙을 가정하고 그것을 토대로 창조한 새로운 표현입니다. 다시 말해서 어린아이는 'played' 'walked' 등과 같은 표현을 듣고 잠재적으로 '아, 행동을 나타내는 말에 -ed를 붙이면 이전에 행동했던 것을 나타낼 수 있구나.'와 같이 생각한 것이죠. 그래서 불규칙 동사를 완전히 익히지 못한 아이는 동사의 과거형 규칙을 토대로 goed를 만들어 낸 것입니다.

또한 집에 있는 꽃(예를 들면 장미)을 보고 '꽃'이라는 단어를 배운 아이에게 그림책에 나온 꽃(예를 들면 튤립)을 가리키며 "이게 뭐야?" 하고 물으면 "꽃."이라고 대답합니다. 이러한 아기의 능력 역시 매우 놀라운 일입니다. 장미와 튤립은 그 모습이 매우 다른데도 아이는 두 꽃의 공통점을 발견해서 정확히 꽃이라고 말하니까요. '꽃'이라는 말소리와 의미의 관계를 올바르게 이해하고 있는 것입니다. 물론 말을 배우는 어린아이들이 말, 강아지, 돼지 등 동물 인형이나 그림을 모두 '멍멍이'라고 잘못 부를 수도 있습니다. 하지만 그런 아이들도 우유나 밥 등의 음식만큼은 '멍멍이'라고 잘못 부르지 않고 반드시 '맘마'라고 하지요. 말을 배우는 단계에서 이미 사물의 공통성을 인지하고 있기 때문입니다.

이는 인간에게 '언어를 배우는 틀'이 내재되어 있어서 가능한 현상입니다. 덕분에 인간은 그저 언어를 듣는 것만으로도 언어가 가지고 있는 규칙을 무의식적으로 내면화할 수 있게 됩니다. 이러한 틀에 그 사람이 배우는 언어의 속성이 반영되면 자연스레 그 사람의 사고 및 정체성도 영향을 받습니다. 그래서 언어는 그저 말을 잘하는 기술이 아닙니다. 나의 생각과 '나'라는 사람의 마음을 드러내는 지표입니다.

외국어를 잘한다는 것의 의미
▼

모국어인 한국어를 통해서 생각과 마음을 드러내듯이, 요즘 우리는 외국어로도 생각과 마음을 표현하길 요구받고 있습니다. 그래서인지 아주 이른 시기부터 외국어를 배우는 학생들이 늘어나고 있습니다. 제가 학생이던 시절에는 영어를 중학교에 들어가서 처음 접했습니다. 하지만 요즘에는 유치원 때 혹은 유치원에 들어가기 전부터 영어 공부를 시작하더군요.

영어를 잘한다는 것은 무슨 의미일까요? 영어 단어를 많이 외우고 문법을 열심히 공부해서 잘 말하고, 잘 듣고, 잘 읽을 수 있으면 영어를 잘한다고 할 수 있을까요?

"번역은 반역이다."라는 말이 있습니다. 이 말은 원래 하나의 언어로 표현된 글을 다른 언어로 번역하는 것이 얼마나 어려운지를 의미합니다. 원문의 모든 단어를 그대로 옮긴다고 해서 원저자의 생각과 의도를 제대로 전달할 수 없다는 것이죠. 예를 들어 볼까요?

Man does not live by bread alone.

이 영어 속담에 등장하는 bread라는 단어를 19세기 말 우리나라에서는 '떡'으로 번역했습니다. 그 당시 한국 독자들이 서양 음식인 빵bread을 잘 알지 못했기 때문입니다. 20세기 중반 우리나라에서 빵이 어느 정도 대중화되고 나서야 bread를 '빵'으로 번역할 수 있었지요. 하지만 그때조차도 한국인에게 빵은 주식이 아니었기 때문에 "사람이 빵만으로는 살 수 없다."라는 영어 속담의 속뜻이 제대로 전달되기는 어려웠습니다.

이처럼 시대나 지역의 문화를 제대로 담아내지 못하면 어떤 번역도 온전히 의미를 전달할 수 없어요. 아무리 좋은 사전을 사용한다고 해도 말이죠. 좋은 번역을 위해서는 번역하려는 언어와 번역되는 언어가 가지고 있는 문화적 요소를 모두 이해해야 합니다. 그러므로 한 언어를 다른 언어로 바꾸는 일은 한 나라의 문화를 옮기는 일입니다. 그렇기 때문에 단순히 단어와 단어를 연결한다고 해서 좋은 번역이 될 수 없습니다.

외국어를 배우기 전에 모국어부터 잘해야 해요
▼

현재 우리 사회에서 영어를 잘하는 사람과 못하는 사람의 사회적

지위가 다르다는 사실을 부인할 수는 없습니다. 영어를 잘하면 좋은 직업을 가지고 더 많은 월급을 받을 가능성이 높지요. 이는 새로운 언어를 배우는 좋은 동기가 됩니다. 하지만 외국어 공부가 단순히 미래에 더 나은 직업을 얻기 위한 수단이 되어서는 안 됩니다. 언어를 익힌다는 것은 '나'에게도 영향을 주기 때문입니다.

외국어를 할 수 있게 되면 두 개의 언어를 하는 사람이 됩니다. 모국어와 새로 배운 언어를 말하게 되는 것이지요. 하지만 외국어를 배운다는 이유로 모국어를 소홀히 해서는 안 됩니다. 모국어에 대한 정확한 지식 없이 다른 언어를 하는 것은 '나'의 경계에만 머무는 사람이 되기 때문입니다. 다시 말해 어느 쪽에도 온전하게 존재하지 못하는 사람이 됩니다.

두 언어를 온전하고 이물감 없이 소화해 내려면 언어를 대하는 자세를 바꾸고 생각하는 훈련을 해야 합니다. 조선 시대의 유명한 문필가인 김만중도 "지금 우리나라의 시문은 제 말을 버리고 남의 나라 말을 배우고 있는데 비록 그것이 아무리 비슷하더라도 앵무새가 사람의 말을 흉내 내는 데 지나지 않는다."라고 말했어요. 즉 외국어를 배우기 이전에 모국어부터 잘해야 한다는 뜻입니다.

그런데 요즘 청소년들은 한국어 능력이 완성되지 않은 채 외국어를 배웁니다. 한국어 능력이라고 해서 문법이나 단어 실력을 말하는 것이 아닙니다. 정확하게 자신의 의견을 말할 수 있어야 한국어를 잘하는 것입니다. 하지만 요즘에는 자신의 의견을 한국어로 정확하게 표현하지 못해 곤란을 겪는 한국인들이 많습니다.

그렇다고 외국어를 배우지 말라는 뜻은 아닙니다. 외국어를 하더라도 나의 말을, 나만이 할 수 있는 말을 해야 한다는 뜻입니다. 그러기 위해서는 한마디를 말하고, 한 줄을 쓸 때에도 제대로 할 줄 알아야 합니다. 자신의 생각을 모국어로 잘 표현해 낼 수 있는 사람만이 외국어로도 누군가를 설득할 수 있으며 올바르고 정확하게 자신의 의견을 말할 수 있습니다.

말은
왜 잘해야 할까요?

말은 '나'를 가장 쉽게 보여 주는 지표예요

▼

말은 나의 생각과 마음을 가장 잘 드러내는 지표입니다. 단순하게 보자면 어떤 언어를 사용하는지에 따라 그 사람의 국적을 추측할 수 있습니다. '섬' '열공' '쌤' 등의 단어를 사용하는 사람이면 여러분과 비슷한 나이라고 추측해 볼 수도 있겠죠. 감탄사나 부사를 얼마나 쓰는지에 따라서 성별도 짐작해 볼 수 있고요. 또한 말을 어떻게 하느냐에 따라 그 사람의 교육 수준, 경제력, 사회적 위치 등을 알 수 있습니다.

그러므로 말을 잘하기 위해서는 많이 읽고, 많이 생각하고, 많이 써야 합니다. 자신이 쌓은 풍부한 지적 소양과 깊이 생각하는 능력은 말과 글로 드러납니다.

말에는 힘이 있어요
▼

옛날 중국에 사이가 좋지 않은 두 나라가 있었습니다. 어떤 현인이 "A나라는 보름달 같고 B나라는 초승달 같다."라고 말한 다음, 두 나라에 가서 각각 다음과 같이 설명했습니다.

A나라에게 : "보름달같이 큰 나라가 초승달같이 작은 나라와 싸울 필요가 없습니다."

B나라에게 : "보름달은 앞으로 기울 것이지만, 초승달은 이제부터 더 커질 것입니다."

이 말은 들은 두 나라는 각자 입장에서 만족했기 때문에 더 이상 전쟁은 일어나지 않았다고 합니다. 이처럼 한마디 말이 우리 각자와 사회에 큰 영향을 미칠 수 있습니다.

혼자서 하는 말에도 힘이 있습니다. 월요일 아침 등교를 할 때 "아, 오늘 학교 가기 싫다."라고 말하는 것보다 "오늘 학교에 가면 무슨 재미난 일이 있을까?"라고 스스로에게 물어보면 더 기분이 좋아지기도 합니다. 시험을 못 본 자신에게 "넌 왜 이렇게 못하니?"라고 말하며 자책하는 것보다 "다음에는 잘할 거야."라고 다짐해야 더욱 힘이 나고요.

그래서 여러분은 말이 가진 힘을 빌려 나의 정체성을 올바르게 확립해야 합니다. 어느 누구도 말을 대신해 주지는 못합니다. 청소년기에는 스스로 자기 목소리를 내고, 자신을 제대로 알고, 자신의 생각을 구현하는 일이 무엇보다도 중요합니다. 다음 시를 읽으며 우리가 나를 드러내고 표현하는 데 말이 얼마나 큰 역할을 하는지 생각해 봅시다.

말은

힘이 세지

정말 힘이 세지.

짐수레를 끌고

따각따각 달리는 말보다

말은 힘이 세지.

'미안해.'

한마디면

서운했던 생각이 멀어지고

화난 마음이 살살 녹지.

'잘할 수 있어.'

한마디에

가슴이 따뜻해지고

없던 힘도 불끈 솟지.

_정진아 「참 힘센 말」*

* 정진아, 『엄마보다 이쁜 아이』, 푸른책들, 2012, P56.

❶ 친구와 나눈 어제의 SNS 대화를 옮겨 적어 봅시다.

_____

_____

_____

_____

_____

❷ 나와 친구의 말투를 비교해 봅시다.

_____

_____

_____

_____

❸ 내 말투로 알 수 있는 사실이 있나요?

나를 아는 일은 어렵습니다. 나를 이해하고 온전히 수용하는 일은 더욱 어렵지요. 아마도 이 세상에서 가장 어려운 일인지도 모르겠습니다. 자기 자신을 돌보는 글쓰기는 이 어려운 일을 가능하게 합니다. 나를 채찍질하고 잘못을 반성하게 만드는 것이 아니라 내가 알지 못했던 또 다른 내 모습을 발견하고 그 낯선 '나'와 대화하도록 도와주지요. 그렇게 새로운 나와 '만남'과 '대화'를 갖는 것이 돌봄의 시작이자 진정한 자기 발견입니다.

– 김영희 선생님

글쓰기로
'또 다른 나'를 만나 보아요

나를 표현할 때
배제되는 나의 또 다른 모습

'나'를 한마디로 정의할 수 있을까요?

▼

"당신은 누구입니까?"

여러분은 이 질문에 어떻게 답하나요? 어떤 사람은 누구누구의 자식이거나 누구누구의 형, 혹은 누나라고 자신을 설명할 겁니다. 자신을 설명하는 데 가족이 가장 중요하다고 생각할 테니까요. 어떤 사람은 어느 지역, 어느 마을에 사는 누구라고 설명할지도 모르겠습니다. 또 어떤 사람은 앞으로 무엇을 하고 싶은지 자신의 소망을 담아 표현하겠지요. 현재 자신이 하고 있는 일이나 앞으로 가지려고 하는 직업으로 자신을 설명하는 사람도 있을 겁니다.

하지만 이런 말들로 나를 충분히 설명할 수 있을까요? 언어는 표현하고자 하는 모든 것을 담아내지는 못합니다. 언어로 표현할 수 없는 나머지, 곧 '잉여'가 있기 마련이지요. 그래도 우리는 언어로 생각을 표현하기 위해 최선을 다합니다. 말과 글의 한계를 알고 있으면서도 말이에요.

그럼 언어의 한계를 염두에 두고 조금 전 질문으로 돌아가 보겠습니다. "나는 누구입니다."라는 대답은 언제나 "나는 무엇이 아니다."라는 내용을 전제로 합니다. 예를 들어 "나는 여자입니다."라는 말에는 '여성이 아닌 것'들을 배제하거나 축출하는 의미가 내포되어 있지요.

누군가 자신을 "○○의 엄마이다." "○○의 아빠이다."라고 표현하는 순간을 떠올려 봅시다. 이때 '○○의 엄마'로서 느끼는 책임감이나 모성애, 어머니로서의 역할을 벗어난 욕망과 감정은 '나'에게서 배제됩니다. '○○의 엄마'인 사람들도 때로는 자녀를 돌보지 않고 놀러 가거나 자기만의 시간을 갖고 싶을 때가 있을 텐데 말이죠.

배제되는 모습도 나의 것임이 분명해요
▼

결국 내가 생각하는 '나'는 나의 다른 면들을 경계하고 쳐놓은 울타리 '안'에 있는 것들에 불과합니다. 그런데 안과 밖의 경계인 이 '선'은 참 불안정합니다. 울타리 바깥 것들의 존재에 대해서 내가 언제나 어렴풋하게나마 생각하고 있기 때문입니다. 다시 말해 내 머릿속은 이 '바깥의 것'들을 부정해도 마음속은 이들의 존재를 생각하고 있는 것입니다. 사실 '나는 무엇이다.'라는 문장의 '무엇'은 '무엇이 아닌 것'들을 기준으로 만들어집니다. '내가 무엇이다.'라고 나를 정의하는 순간 '내가 무엇이 아니라고 여기고 있는 것'들도 생각날 수밖에 없죠. 그래서 내가 줄 그어 놓은 이 '선'은 언제나 흔들립니다.

이 때문에 우리는 더욱더 '내가 무엇이다.'라는 사실에 집착합니다. 스스로 설정한 그 '무엇'에 나를 맞추기 위해 끊임없이 노력하지요. '선' 바깥의 것들을 부정하고 억압하면서 '선' 안의 것들로만 '나'를 설명하기 위해 끊임없이 노력합니다. 그러나 이러한 노력은 오히려 스스로를 옭아매곤 합니다. '나는 누구이다. 그러니 그 누가 아닌 것들이 울타리를 넘도록 내버려 두지 않을 거야. 아니, 내버려 두지 않아야 해.'라고 말입니다.

우리는 자신이 누구인지 정확히 알 수 없습니다. 내가 모르는 나의 모습이 많고, 크기 때문이지요. 프로이트라는 심리학자는 우리가 알지 못하는 자신의 마음을 '무의식'이라는 말로 표현했습니다. 평상시에 생각나지는 않지만 꿈에 나타나곤 하는 장면, 나도 모르게 내뱉은 말실수나 농담, 화가 나거나 감정을 통제할 수 없을 때 불쑥 튀어나오는 평소와 다른 내 모습은 모두 무의식이 일상의 수면 위로 떠오른 순간의 표정이라고 했지요. 그래서 프로이트는 우리가 안다고 생각하는 우리의 마음, 곧 의식을 전체 마음의 '빙산의 일각'이라고 표현했습니다. 무의식이 비교할 수 없을 정도로 크고 깊게 우리 마음 안에 자리 잡고 있다는 겁니다.

'실체의 나'가 아닌 '새로운 나'를 만나는 것이 자기 발견
▼

내가 알고, 생각하는 '나'는 '실체의 나'와는 다릅니다. 내가 생각하는 '나'는 내가 나에 대해 갖고 있는 생각이고 이미지에 불과하지요. '나는 누구인가?' 혹은 '나는 어떤 사람인가?'에 대해 스스로 묻고 답할 때 우리가 떠올리는 것은 '실체로서의 나'가 아니라 내가 '생각하고 만들어 낸 나의 모습'에 지나지 않습니다.

우리는 '실체로서의 나'를 만날 길이 없습니다. 그러므로 스스로를 알아 가는 길은 '진짜 나' '참된 자아' '자기의 본질'을 알아 가는 과정이 아니라 끊임없이 새로운 '나'를 만나는 과정이라고 할 수 있습니다. 화석을 캐내듯 이미 존재하지만 만나지 못한 '나'를 발굴하는 과정이 아니라, 정해진 답도 없고 마지막 도달 지점도 없이 그저 유영하듯 '나'와 만나고 노니는 것이 진정한 의미의 '자기 발견'인 것입니다.

여러분은 저에게 이렇게 물을지도 모르겠습니다. '참된 나'를 발견하거나 '더 나은 내'가 되기 위해서가 아니라면, 자기 자신을 들여다보고 탐색하는 이유가 도대체 무엇이냐고 말입니다. 우리는 왜 자신을 성찰하고 탐색하는 걸까요? 자신을 들여다보는 일의 의미는 무엇일까요?

학생들에게 자기 자신에 대한 글을 써보라고 하면 항상 이런 식으로 글을 끝맺는 친구들이 있더군요. "나는 이런 장점을 갖고 있지만 이러저러한 단점을 갖고 있습니다. 그래서 앞으로는 이런 단점을 극복하여 더 나은 내가 되겠습니다." 저는 이런 글을 읽을 때 숨이 차오릅니다. 자신을 세차게 채찍질하며 더 높이 끌어올리려고 노력하는 모습이 보이기 때문입니다. '이렇게 가다간 오래 버티지 못할 텐데.'라는 걱정이 들기도 합니다.

살아가면서 '나'를 아는 것도 어려운데 바꾸는 일이 쉬울까요? 도대체 무엇을 위해 '나'를 바꿔야 하는 걸까요? 사람들은 대체로 자신의 내면이 하얀 쌀밥처럼 하나의 색만 갖고 있다고 상상합니다. 그래서 다른 모습을 발견하면 당황하면서 '이건 내 모습이 아니야.' 하고 부정해 버리곤 하지요. 더구나 그 다른 모습이 세상에서 인정받지 못하는 모습이거나 세상 사람들이 좋지 않다고 평가하는 모습이라면 더욱더 안간힘을 써서 그 모습을 외면하고 부정합니다. 어떻게 해서든지 나의 울타리 바깥으로 몰아내기 위해 노력하지요. '더 나은 내'가 되겠다는 반성과 다짐 속에 담긴 것은 이런 안타까운 노력과 불안한 강박들입니다.

　하지만 스스로 부정한다고 해서 나의 다른 면이 사라지는 것은 아닙니다. 그저 억누르거나 어딘가에 묻어 두고는 혼자서만 사라졌다고 믿을 뿐이지요. 그러니 생각을 바꿔서 그런 '나'를 그대로 인정하고 보듬어 안는 것은 어떨까요? 세상 사람들 모두가 손가락질해도 최소한 나만큼은 자신을 인정하고 안아 줘야 하지 않을까요? 내가 아니라면 이 세상에 누가 그럴 수 있을까요? 나를 보듬는 것은 부모님도, 친구도, 사랑하는 그 어떤 사람도 대신해 줄 수 없는 일입니다.

남다른 건
잘못된 게 아니에요

잃어버린 아기장수의 '날개'

▼

사실 우리는 한 사람 한 사람 모두 '남들과 다른' 존재입니다. 그런데 우리는 자신의 이 '남들과 다른' 점을 어떻게 생각하고 있을까요? 여러분은 자기 자신의 '남다름'을 억압하고 '남들과 다르지 않은 모습'으로 살아가려고 노력하지는 않나요? 내 안에 존재하는 이 '남다름'을 어떻게 이해하고 받아들여야 할지 생각해 보기 위해 이야기 하나를 나눠 볼까 합니다.

옛날 옛날, 어느 가난한 집에 아기가 태어났단다. 아기를 낳고 3일쯤 된 날.

아기 엄마는 너무 목이 말라 잠깐 부엌에 가서 물을 마시고 돌아왔어. 그런데 방안에 가만히 누워 있어야 할 아기가 보이지 않는 거야. 엄마는 깜짝 놀라 어쩔 줄 몰라 하며 사방으로 아기를 찾았지. 그런데 찾고 보니 아기가 시렁 위에 떡 하니 올라가 있는 거야. 아기 엄마는 깜짝 놀라 아기를 안아 내린 후에 여기저기 살펴보았단다. 그랬더니 글쎄 아기 겨드랑이 밑에 조그마한 날개가 달려 있는 거야. 아기 엄마는 깜짝 놀라 아기 아빠에게 이렇게 말했어. "여보, 우리가 날개 달린 아기를 낳았어요." 아빠는 이 일을 어떻게 해야 하나 고민하다가 마을 사람들을 불러 모아 의논을 했단다. "사실은 저희 아기에게 날개가 있어요." 마을 사람들은 말했지. "이렇게 가난한 집에 남다른 아기가 태어났으니 나중에 화근이 될 게 분명하다. 역적이 될지도 몰라. 그렇게 되면 너희 집안은 물론 우리 마을도 몰락하고 말거야. 어서 그 싹을 잘라 화근을 없애야 돼." 마을 사람들은 아기의 부모에게 그들의 자식을 죽이라고 말했어. 아기의 부모는 아기를 커다란 다듬잇돌로 눌러 죽였지. 살려고 버둥거리는 아기를 말이야. 그런데 아기가 죽자 뒷산에서 용마가 나오더니 자신이 태울 주인이 사라졌음을 알고 크게 울다 마을 앞 못에 빠져 죽었어. 그제서야 사람들은 그 아기가 보통 아기가 아니라는 것을 알았지만 후회해도 소용없었지.

우리나라 전역에서 전승되는 '아기장수' 이야기입니다. 제주도뿐만 아니라 저 멀리 함경도에서도 전해 내려오는 이야기지요. 입에서 입으로 전해지는 구전 이야기의 특성상 지역마다 조금씩 다른 내용으로 전승되고 있습니다. 그래서인지 지금까지 채록된 이야기만 700편이 넘습니다. 그중 '아기장수'를 죽이지 않고 살리는 이야기는 10%도 되지 않습니다. '아기장수'를 죽이는 장면 역시 참기름 짜는 틀에 넣어 죽이거나, 빨랫돌이나 쌀가마니로 눌러 죽이거나, 바다로 데리고 나가 물에 빠트린 후에 살려고 헤엄쳐 나오면 도끼로 쳐서 죽이는 등 대부분 참혹하지요. 살아남더라도 결핍을 가진 어른으로 자라다가 비극적인 죽음을 맞이하는 경우가 많고요. 이처럼 스스로를 지킬 능력도 갖추지 못한 갓난아기가 자신이 가장 의지하고 믿어 의심치 않는 부모에게 죽임을 당한다는 점에서 아기장수 이야기는 아주 비극적인 이야기라고 할 수 있습니다.

아기장수가 죽어야 했던 이유, '남다름'

▼

아기장수는 왜 죽어야 했을까요? 아기장수는 왜 위험한 존재로 인식되는 걸까요? 바로 아기장수의 '날개' 때문입니다. 이야기 속에서 '날개'는 가족이나 마을 공동체를 위기로 몰아가는 위험한 대상으로 인식됩니다. 날개 달린 사람들의 세상에 태어났다면 아기장수의 날개는 전혀 위험한 게 아니었을 겁니다. 하지만 날개 없는 사람들의 세상에 태어났기 때문에 아기장수의 날개는 위험합니다. 다시 말해서 사람들에게 아기장수가 위험한 존재로 인식되는 건 '남들과 다르기' 때문입니다.

'남다르다'라는 건 무엇일까요? 사실 모든 사람들은 남들과 다릅니다. 여기서 말하는 '남다름'은 '개별성' '다양성'이 아니라 사람들이 모두 갖고 있는 '같음'과 다르다는 의미이지요. 공동체가 인정하고, 공동체 구성원이라면 모두 갖고 있는 같음을 갖고 있지 않거나 모두와 다른 것을 갖고 있기 때문에 아기장수는 '남다른' 존재입니다. 문제는 공동체가 이 '남다름'을 위험한 요소로 인식한다는 사실입니다. 중세에 금지된 일들을 알거나 행하고자 했던 여자를 마녀로 몰아 화형시킨 일이나, 이성애자들의 세상에서 동성애자들이 병을 옮기는 사람들로 여겨지는 일들도 비슷한 맥락이지요.

오래전부터 인류 역사에서 '남다른' 존재는 공동체를 파멸로 몰아갈 위험한 대상으로 규정되곤 했습니다. 그래서 사람들은 이런 존재를 공동체 바깥으로 몰아내고자 했지요. 다양한 이유와 명분을 만들어서 '축출'과 '배제'를 정당한 일로 만들었습니다. 혹은 어쩔 수 없는 선택으로 여기게 만들었지요. 축출과 배제에 참여한 사람들 사이의 유대를 강화하고 죄책감을 덜기 위해서 말입니다.

한국 사회는 어떨까요? 여러분의 일상생활 속에서 '남다른' 존재들은 어떤 대우를 받습니까? 날씬한 여자들 사이에서 뚱뚱한 여자, 같은 브랜드의 옷을 입고 다니는 아이들 사이에서 다른 브랜드 옷을 입는 아이, 돈 잘 버는 사람들 사이에서 돈 못 버는 사람, 눈치 빠른 사람들 사이에서 눈치 없는 사람, 결혼한 사람들 사이에서 결혼하지 않으려는 사람 등을 우리 사회는 어떻게 인식하고 대하나요? 그리고 '남다름'에 대한 이런 태도는 과연 타인을 향한 시선에만 적용되는 것일까요? 자기 자신의 '남다름'에 대해 여러분은 어떻게 생각하고 있습니까?

철이 든다는 건 어떤 의미일까요?
▼

우리는 어려서부터 남들과 다르면 언제든지 공동체 바깥으로 내쳐질 수 있음을 경험합니다. 이 때문에 우리는 어른으로 자라면서 끊임없이 남들과 같아지기 위해 노력하지요. 남들과 같은 물건을 사고, 남들과 같은 옷을 입고, 남들처럼 꾸미고, 남들처럼 대학에 가고, 남들이 하는 대로 취직을 하고, 남들이 하는 대로 결혼을 합니다. 남들처럼 집을 사고, 남들처럼 아이를 키우고, 남들처럼 인생을 마감하지요.

반면 '남들과 같아질 수 없는' 사람들은 인생의 패배자, 이른바 '루저'가 됩니다. 남들보다 키가 작아서, 남들보다 돈을 적게 벌어서, 남들보다 좋은 대학에 못 가서, 남들처럼 취직을 못해서, 남들보다 일을 못해서 '루저'가 되지요. 그들은 스스로 부족하다고 생각하기 때문에 이런 '폭력'을 마땅히 감내해야 하는 일로 받아들이기도 합니다.

어른이 되어 간다는 건 남들과 다르지 않게 살아가기 위해 노력한다는 것을 의미하는지도 모르겠습니다. 사회가 인정하는 기준, 사회가 정상으로 내세운 삶의 방식, 행동과 판단의 표준이 되는 사회적 가치와 규범, 이런 것들을 자기 것으로 만들어 '남다르지 않게' 되는 것 말입니다. 그 과정 속에서 우리는 자기 안의 '남다름'을 버려야 할 겁니다. 우리들 스스로 자기 '날개'를 잘라 내는 것입니다. 결국 '사회화'란 자신 안에 있는 '남다름'을 자기 바깥으로 몰아내는 과정일지도 모르겠습니다.

프로이트는 우리가 억압한 모든 것들이 무의식 깊숙이 가라앉아 있다가 언젠가는 반드시 떠오른다고 말했습니다. 우리가 죽여야만 했던 '날개 달린 아기장수'가 사라지지 않고 마음속 어딘가에 깊숙

'노트르담의 꼽추'도 남다른 존재입니다. 사회, 혹은 우리 자신은 이 남다름을 어떻게 인식하고 대해야 할까요?

이 자리 잡고 있다는 것이지요. 우리는 어른이 되고 나이가 들도록 이 '날개 달린 아기장수'의 존재를 잊고 살아갈 겁니다. 그러나 예기치 못한 때에 이 '아기장수'가 우리에게 돌아오는 순간이 있을 거예요. 우리가 부정하고 억누른 만큼 어마어마한 힘으로 돌아와 우리를 꼼짝 못하게 만들지도 모르지요. 그럴 때 우리는 어떻게 해야 할까요?

갑자기 엄습하는 '날개 달린 아기장수'에게 사로잡혀 길을 잃지 않기 위해 우리는 그가 찾아오기 전에 먼저 아기장수의 죽음을 애도해야 합니다. 그의 죽음을 슬퍼하고 천천히 떠나보내는 작업을 해야 하지요. 나의 '남다름'을 어떻게 '상실'했는지 살펴보고 그 과정을 애도하는 일, 그래서 궁극적으로 자신의 남다름까지도 끌어안는 일, 이것이 이 글에서 말하고자 하는 '자기 돌봄'의 핵심입니다.

낯선 나의 모습
어떻게 해야 할까요?

내 안의 낯선 목소리

▼

'나는 누구인가?'에 대한 답을 우리는 '정체성'이라는 말로 표현합니다. 사실상 정체성은 내가 누구인지에 대해 스스로 갖고 있는 자신만의 이야기일 수 있지요. 그런데 이 이야기는 오롯이 혼자 만들어낼 수 없습니다. 누군가의 영향 없이 만들어 질 수 없다는 뜻입니다.

성장하면서 우리가 배우는 모든 것들, 그리고 만나는 사람들과의 모든 관계와 상호 작용이 이런 이야기를 만드는 데 영향을 미칩니다. 책이나 말뿐 아니라 부모님이나 선생님, 주변 사람들과의 관계를 통해서도 우리는 많은 것들을 배우곤 합니다. 관계 속에서 온몸으로 배우고 익히는 것입니다. 그 배움의 핵심 내용은 이 사회 속에서 무엇이 허용되고, 무엇이 허용되지 않는지에 관한 것들입니다. 어떻게 살아야 하고, 어떻게 살면 안 되는지, 무수한 관계와 그 관계 속의 상호 작용을 통해 배우는 것이지요.

그래서 우리는 어떤 행동을 하거나 어떤 판단을 내릴 때 수많은 '목소리'의 영향을 받습니다. 아버지의 목소리도 듣고 선생님의 목소리도 듣지요. 내 목소리인 것 같으면서도 내 목소리 같지 않은, 낯설고 두려운 목소리도 듣습니다. 갑자기 화가 나서 소리를 지르거나, 이유 없이 눈물이 흐르거나, 생각지도 못한 대상에게 커다란 애착의 감정을 느낄 때가 그런 경우이지요.

일상생활 속에서 대부분은 이런 '낯선 목소리'를 잘 알아채지 못하고 살아갑니다. 하지만 문득문득 내가 알지 못하는 '나'의 모습을 마주하게 되는 때가 있습니다. 또 내가 결코 인정할 수 없는 내 모습이 불쑥 나올 때도 있지요. 이런 것들을 우리는 '내 안의 타자'라고 부릅니다. 내 안에 있지만 내게는 너무나도 낯선 존재, 그것이 바로 '내 안의 타자'입니다.

'내 안의 타자'를 어떻게 대해야 할까요?
▼

앞에서도 이야기했듯이 어떤 사람은 낯선 자신의 모습을 발견할 때 이를 부정하기도 합니다. "이렇게 낯선 모습은 내가 아니야."라고 말하면서 말입니다. 그러나 이런 마음이 오히려 내 안의 갈등을 부추깁니다. 부인한다고 해서 낯선 내 모습이 사라지는 것은 아니기 때문입니다. 누르면 누를수록 더 높이 튀어 오르는 용수철처럼 억누르는 힘이 강할수록 억압된 것들은 더 강하게 솟구쳐 오릅니다. 그래서 나의 이 '낯선' 모습들을 가만히 들여다보고 인정하고, '이것도 내 모습이구나.' 하고 받아들이는 과정이 반드시 필요합니다.

어떤 심리학자는 '내면 아이inner child'라는 말로 '내 안의 타자'를 표현했습니다. 우리는 자라면서 어느 순간 원하는 것을 다 가질 수는 없다는 사실을 깨닫습니다. 그래서 부모님이나 주변 어른들을 괴롭게 하지 않기 위해 그들이 들어줄 수 있는 것만 "원한다."라고 말하지요. 내가 원하는 선물은 다른 것이지만 부모님이나 주변의 어른들이 사줄 수 있는 선물만을 기대하는 것입니다. 이런 일이 반복되면서 나는 자신이 '진정 원하는 것'을 더 이상 알아차리지 못하게 됩니다. 이미 다른 사람들이 내게 기대하거나 욕망하는 일이 '내가 원하는 일'로 자리 잡았기 때문입니다. 그리고 어느새 그러한 마음은 나 자신에게 진실이 됩니다. 내가 애초에 원하던 대상, 혹은 원하던 마음 자체를 잊어버리게 된 것이지요.

어른들이 사줄 수 있든 없든 무조건 '원한다'고 떼를 쓰던 아이, 숨바꼭질을 하면서 어딘가 숨어 엄마나 아빠가 찾아 주기를 숨죽여 기다리던 아이, 바쁜 부모님께 운동회나 소풍 때 오지 않아도 된다고 말하면서도 하루 종일 부모님을 기다리던 아이, 남들처럼 예쁜 옷과 가방이 갖고 싶지만 어른들을 힘들게 하고 싶지 않아 말하지 않고 '가난'을 납득했던 아이, 동생에게 부모님의 사랑을 빼앗긴 것이 슬프지만 내색하지 않던 아이……. 이 아이들은 어른이 되어도 자라지 않은 채 우리 마음 안에 남아 있습니다. 바로 이 아이가 '내면 아이'입니다.

자신이 부모가 되어 자식을 낳고 기르는 어른이 되어서도 이 '아이'는 사라지지 않습니다. 사실 부모들이 자녀에게 사주는 장난감과 옷 등의 선물은 자신이 어린 시절에 갖고 싶어 하던 물건인 경우가 많습니다. 또 받고 싶던 부모님의 사랑과 관심을 자녀에게 베푸는 경우도 있지요. 모두 어른이 된 부모의 마음속에 있는 '아이'가 벌이는 일들입니다.

그런데 우리는 철이 들어 어른이 되면서 이 아이의 존재를 잊어버립니다. '내면 아이'가 벌이는 마음의 충동을 경험하면서도 그 존재를 깨닫지 못한 채 살아가는 것입니다. 이렇게 이 아이를 잊은 채 살아가다 보면 어느 순간 '내면 아이'가 감당할 수 없이 성난 모습으로 우리를 찾아오기도 합니다. 이런 때를 대비해 우리는 '내면 아이'를 찾아내 말을 걸고 다독여 주어야 합니다.

나의 '다름'을 품어야 타인의 '다름'도 품을 수 있어요

▼

'내면 아이'를 품듯이 우리는 '내 안의 타자'를 찾아내 위로하고 보듬고 끌어안아야 합니다. 하지만 이건 무척 어려운 일입니다. '내 안의 타자'를 발견하고 인정하는 일도 어려운데 끌어안기까지 해야 하니까요.

하지만 이것은 개인적인 과제만이 아니라 사회적인 의미를 갖는 일이기도 합니다. '내 안의 타자'를 인정하고 받아들이면 다른 사람들의 '차이'도 받아들일 수 있기 때문입니다. 내가 받아들일 수 없던 다른 사람의 모습도 받아들일 수 있게 되지요. 반대로 '나는 이런 사람이야.'라는 생각에만 사로잡혀 '내 안의 다른 모습'을 받아들이지 못하면 다른 사람에게도 자신의 기준을 적용하면서 "저 사람은 도대체 왜 저런 거야."라는 말만 되풀이하게 됩니다. 이런 생각이 강해지면 상대방이 이유 없이 싫어지면서 '증오'나 '혐오'의 감정을 느끼기도 하지요.

그래서 타인에 대한 '혐오'나 '증오'의 감정은 곧 자기 자신을 향한 것이기도 합니다. 내가 생각하는 나와 '다른' 면을 용납할 수 없기 때문에 내가 생각하는 기준과 다른 타인의 어떤 측면도 받아들일 수 없는 겁니다. 따라서 '자기 돌봄'을 실천하는 것은 '타인의 차이'를 수용하는 윤리적인 행동의 출발점이기도 합니다.

이야기가 갖고 있는
'돌봄의 힘'

나의 우울은 어떻게 달래야 할까요?

▼

내가 아주 아끼는 스마트폰을 잃어버렸다고 가정해 봅시다. 처음 며칠 동안은 내가 어디서 잃어버렸는지 생각하고 또 생각할 겁니다. 생각할수록 그 스마트폰에 저장되어 있던 모든 것들이 아까워 견딜 수가 없겠지요. 어느 순간엔 스마트폰을 잃어버린 자신을 질책하기도 할 겁니다. 그러다 부모님께 졸라, 혹은 용돈을 모아 새 스마트폰을 마련하면 어느새 잃어버린 스마트폰은 까맣게 잊고 새로운 것에 온통 정신이 팔리게 됩니다. 친구들에게 연락해 다시 전화번호를 받고 예전보다 더 멋지게 스마트폰의 안팎을 꾸미겠지요.

이처럼 어떤 대상을 잃어버렸을 때 그 대상에게 향하던 마음을 새로운 대상에게 쏟아붓는 과정을 프로이트는 '애도'라는 말로 설명합니다. 이 과정에서 중요한 것은 잃어버린 대상에 대해 충분히 슬퍼하는 시간을 갖는 것입니다. 충분히 슬퍼해야 잃어버린 대상에게 향하던 마음을 새로운 대상에게 쏟아부을 수 있기 때문입니다.

그런데 잃어버린 것이 정말 중요해서 상실을 받아들일 수 없을 때가 있습니다. 의식하지 못하는 사이에 잃어버렸다는 사실 자체를 부정하기도 하지요. 마음 깊숙한 곳에서 '절대로 잃어버려서는 안 되는 것'으로 여기고 있기 때문에 상실한 후에도 '잃어버린 사실' 자체를 자기도 모르게 부인하는 것입니다.

잃어버렸다는 사실을 알아차려야 그 대상을 그리워하고 슬퍼할 수 있는데 그러한 사실을 알아차리지 못할 때에는 슬퍼하는 과정, 곧 애도가 불가능해집니다. 애도 자체가 봉쇄되는 것이지요. 프로이트는 이것을 '우울'이라는 말로 표현합니다. 우리가 흔히 "오늘 내 기분이 꿀꿀해." "저 사람 우울증 있어."라고 말할 때의 우울이 바로 이것입니다. 우울은 이처럼 애도가 불가능한 상태, 곧 슬퍼할 수 없는 때의 감정을 가리키는 말입니다.

다시 아기장수 이야기로 돌아가 보겠습니다. 청소년기에 겪는 사회화가 '날개 없는 아이'로 거듭나는 과정이라면 우리가 죽인 '날개 달린 아기장수'는 잃어버린 대상이라고 할 수 있습니다. 그런데 영원히 이 상실을 알아차리지 못하고 마음속 '아기장수'를 내버려 두면 우리는 아기장수의 죽음을 애도할 기회를 갖지 못한 채 '우울'의 늪에서 헤어나지 못할 겁니다. 스스로를 제대로 돌아보고, 인정하고, 보듬고, 돌보지 못한 채 부정하고, 부인하고, 원망하고, 혐오하고, 때로 연민하면서 우왕좌왕하겠지요.

성장하는 우리 모두는 이런 '우울'을 안고 살아가는 존재라고 할 수 있습니다. 그래서 우리에게는 '애도'가 필요합니다. 내가 잃어버린 것들을 그리워하고 슬퍼할 시간이 필요한 것이지요. 그렇게 해야 새로운 대상에게 내 마음을 집중할 수 있습니다. 그렇지 않으면 정작 내가 할 수 있는 일들, 하고 싶은 일들, 해야 하는 일들을 보지 못하게 됩니다. 우울 속에서 자신을 돌보지 못한 채 살아가게 되는 것이지요. 그런데 우리가 충분히 애도하지 못하는 이유는 나에게만 있는 걸까요?

애도할 수 없는 사회

▼

오늘날 우리 주변의 모든 것은 '쓸모 있음'과 '쓸모없음'을 기준으로 분류됩니다. 심지어 시간과 기억, 사람과 관계마저 이런 기준으로 분류되곤 하지요. 그렇다면 우리에게 진정 쓸모 있는 것들은 무엇일까요? 쓸모 있는 것들만 있다면 우리는 인생을 제대로 살아갈 수 있을까요? 예를 들어 돈만 있으면 잘 살 수 있을까요? 일자리는요? 일자리가 있는 사람들은 모두 행복할까요? 반대로 쓸모없다고 규정된 것들은 정말 우리 삶에서 버려져도 되는 것들일까요?

자본주의 사회에서 모든 '쓸모'는 '효율'이라는 말로 표현되곤 합니다. 흔히 "시간을 효율적으로 사용해야 한다." "자원을 효율적으로 활용해야 한다." "인력을 효율적으로 배치해야 한다."라고 말하곤 하지요. 여러분 역시 책상 앞에 시계를 놓고 영어 한 시간, 수학 한 시간 이렇게 시간을 배치하고 있지는 않나요? 내 마음을 끄는 영어 문장이 나타나 조금 더 읽어 보고 싶을 때에 영어 공부 시간이 끝나면 어쩔 수 없이 읽던 책을 덮고 수학 문제집을 푸는지도 모르겠습니다.

우리는 시간을 효율적으로 배분하여 공부하느라 호기심과 열정을 잃은 채 기계적으로 책상 앞에 앉습니다. 이처럼 동기가 없는 공부가 얼마나 지속될 수 있을까요? 그렇게 시작된 앎이 진정한 깊이를 이룰 수 있을까요? 무언가 더 알고 싶고, 더 파고들고 싶은 호기심과 열정이 공부의 기본 동력일 텐데 말입니다. 때로는 밤을 새워 수학 문제를 풀 수도 있고 읽던 소설이 너무 흥미로워 이틀을 넘겨 가며 책을 손에서 놓지 못할 수도 있을 겁니다. 하지만 우리는 시간을 알리는 알람 소리에 맞춰 일어나고, 공부하고, 배가 고프지 않아도 시간에 맞춰 밥을 먹습니다. 시계를 보면서 분초를 다퉈 살아가지요. 우리가 만든 시계가 우리의 삶을 통제하게 된 것입니다. 시간은 이제 효율적으로 관리해야 하는 자원이 되었습니다.

이렇게 효율을 추구하는 삶 속에서 우리는 얼마나 행복감을 느끼고 있습니까? 적은 시간과 노력을 투자하여 최대의 성과를 올리는 데 파묻혀 일의 가치, 혹은 일하며 느끼는 보람과 행복을 맛보지 못하는 건 아닐까요? 살아가는 일이 목적이 아니라 수단이 된 것은 아닌가요? 효율, 곧 '쓸모'를 추구하는 삶은 우리 자신을, 혹은 우리의 삶을 도구로 전락시켜 버립니다. 자연스레 자신을 돌보는 일 역시 쓸모없고, 비효율적인 일로 여겨지기 쉽지요.

물론 우리가 살아가는 데에는 돈도 필요하고 안정적인 일자리도 필요합니다. 또 취직하기 유리한 대학을 가는 것도 중요하겠지요. 그러나 분명한 것은 효율만으로 삶의 행복이 보장되지 않는다는 사실입니다. 삶의 가치도 이야기할 수 없습니다. 때로 효율과는 무관한 일들이, 혹은 비효율적인 과정이 내게 행복감을 주거나 삶의 의미를 만들어 주기도 하기 때문입니다.

'잉여'가 보여 주는 삶의 의미, 박생과 바틀비
▼

여러분은 어떤 때 즐겁나요? 대부분은 공부하고 일할 때보다 쉬고 놀 때 즐겁다고 대답할 겁니다. 공부나 일을 할 때 보람이 없는 것은 아니지만 '놀이'만큼 우리를 즐겁게 하는 것도 없지요. 그럼 '놀이'의 본질은 무엇입니까? 그것은 바로 시간을 '버리는 데' 있습니다. '놀이'는 정확하게 비효율을 넘어 '반反효율'을 지향합니다. 효율적이지 않을수록 우리는 쾌감을 맛보지요. 음악에 맞춰 춤을 추고, 인터넷으로 게임을 즐기고, 친구들과 운동장에서 뛰어놀고, 좋아하는 만화를 몇 날 며칠 들여다 볼 때 우리는 시간이 흘러가는 것을 잊습니다. 해야 할 일도 잊고 밤인지 낮인지도, 심지어 밥을 먹는 것조차 잊어버리지요. 놀이는 시간을 '버리는 일'이지만 우리는 놀지 않고는 살아갈 수 없습니다.

놀이가 꼭 필요한 일인데도 '잉여'로 인식되는 것처럼 우리 삶에는 '쓸모없다'고 평가되지만 꼭 필요한 것들이 많습니다. 문학은 이런 '잉여'에 주목합니다. '쓸모없는 것들의 쓸모'에 대해 말하고, 느끼고, 생각하게 하지요. 그래서 소설 속 주인공들 중에는 이른바 '잉여'들이 많습니다.

김시습의 『금오신화』를 떠올려 볼까요? 현재 전해지는 『금오신화』의 다섯 편 이야기 중 〈남염부주지〉 속 박생은 현실에서 쓸모없는 존재입니다. 인품이 훌륭하다고 남들에게 인정받지만, 정작 사람들이 가장 중요하게 여기는 과거 시험에서 계속 낙방하는 인물이죠. 우연히 그는 저승에 가 염왕과 길고 긴 토론을 하면서 자신이 살고 있는 사회의 문제가 무엇인지 명확하게 인식하고 있음을 보여 줍니다. 염왕으로부터 뛰어난 통찰력이 있다고 인정도 받지요. 그러고는 현세로 돌아와 얼마 후 죽음을 맞이합니다. 사람들 사이에서 그가 죽어 염라왕이 되었다는 이야기가 전해지기도 하지만 현실에서 그는 여전히 '잉여'에 가까운 존재입니다. 박생은 세상 사람들에게 '잉여'로 인식되었지만 그의 이야기를 통해 우리는 당시 사회가 안고 있는 부조리와 모순을 파악할 수 있습니다.

19세기 미국 소설 『필경사 바틀비』 속 주인공 역시 마찬가지입니다. 『모비딕』의 작가 허먼 멜빌이 쓴 이 소설에는 변호사 사무실에서 문서를 옮겨 쓰는 일을 하는 주인공 바틀비가 등장합니다. 복사기가 없던 시대에 서류를 옮겨 쓰는 일을 맡은 사람들이 필경사입니다. 이를 직업으로 삼은 바틀비는 사람들의 일반적인 생각에서 벗어나는 태도를 보여 주지요. 변호사가 사소한 일을 부탁하거나 그의 사생활을 물어보면 즉각 거절하면서 불쾌함을 드러내길 주저하지 않습니다. 화법도 독특합니다. "저는 ~을 하지 않겠습니다."라고 대답하는 것이 아니라 "저는 ~하지 않는 것을 선택하겠습니다.(I prefer not to~.)"라고 말하지요.

바틀비는 전혀 사회적이지 않습니다. 다른 사람과 교류하지도 않고 적극적으로 문제를 해결하려 하거나 윗사람의 눈에 들기 위해 애를 쓰지도 않습니다. 그저 자신의 일만 하고 그 밖의 일들은 하지 않겠다고 선언합니다. 이런 사람이 현실에 존재한다면 우리는 불편을 느낄지도 모릅니다. 모두 하루하루 애쓰고 노력하며, 사람들과의 관계 속에서 센스 있는 사람이 되기 위해 눈치껏 행동하는데 바틀비는 전혀 그렇지 않잖아요? 어른들도 그런 바틀비를 본받아선 안 된다고 말하겠지요. 바틀비는 아마 어느 곳에도 적응하지 못하고 사람들에게 '잉여'로 인식될 겁니다. 실제로 소설 속에서 바틀비는 부랑자처럼 살다가 '살지 않으려는 태도' 속에서 죽음을 맞이합니다.

하지만 가끔 우리들도 '격렬하게 무언가를 하지 않으며 지내기'를 꿈꾸지 않나요? 아무것도 하지 않거나, 혹은 눈치 보지 않고 자신의 의사를 표현하며, 혹은 용납할 수 없는 것들을 분명하게 거절하며 자기 삶을 지키고 싶은 때가 있지 않나요? 선생님이나 부모님의 조언이 내게 이롭고 맞는 말인 걸 알지만 그 말을 '격렬하게' 따르고 싶지 않을 때도 있지 않나요?

바틀비는 자기 자신에게 충실한 삶을 보여 줍니다. 그리고 그런 그의 모습이 우리 삶을 돌아보게 만들지요. '잉여'로운 삶이 우리가 놓치고 있던 현실의 다른 면들을 보여 주는 셈입니다. 사회 '안'에 있는 사람들은 자신이 들어와 있는 '안'을 제대로 성찰할 수 없는 반면, '바깥'으로 내몰린 사람들은 오히려 그 '안'을 성찰하는 계기를 만들어 줍니다. 그래서 문학은 사회 바깥의 존재들을 집중적으로 다룹니다. 그들을 위로하고 이해하며 어루만지고 돌보지요.

문학의 쓸모, '돌봄'

▼

소설에서 '잉여'로 표상된 존재들은 우리 삶의 경계가 무엇인지, 이 경계가 얼마나 불안정하게 흔들리고 있는지, 그 불안정한 삶 속에서 우리가 무엇을 찾아야 하는지 보여 줍니다. 이처럼 문학의 진정한 '쓸모'는 '쓸모없다'고 치부되는 것들에 대한 '관심'과 '돌봄'에 있는지도 모르겠습니다.

세상의 어떤 것도 쓸모없지 않다고 말하고, 누가 쓸모를 구분할 수 있냐고 묻는 것이 문학입니다. '쓸모없음'과 '쓸모 있음'을 나누는 기준이 어디서 온 것인지 질문하고, 그 기준이 삶에 어떤 영향을 주는지 따져 묻지요. 세상의 온갖 '효용'과 '효율'의 신화들이 경계 바깥으로 내모는 삶을 돌아보고, 경계 바깥으로 밀리다 못해 존재조차 희미해져 가는 것들을 가만히 끌어안는 것, 문학은 이런 '돌봄'을 통해 세상에 없어서는 안 될 존재들의 '쓸모'를 증명합니다.

문학은 우리에게 일자리를 주지도 않고 돈이 될 만한 무언가를 만들어 내지도 못합니다. 사실 세상이 '쓸모 있다'고 말하는 그 어떤 것도 만들지 못하죠. 그러나 이런 '쓸모 있는' 것들이 하지 못하는 일을 합니다. 그것은 위로와 연민, 공감과 이해, 그리고 더 나아가 사람과 삶을 어루만지고 돌보는 일입니다.

현대인 대부분이 앓고 있다는 마음의 병 역시 문학이 돌보는 대상입니다. 바쁘게 돌아가는 세상 속에서, 매일같이 기계적으로 일하고 공부하는 나날 속에서 우리를 힘들게 하는 것은 가난이나 '성과 없음'만이 아닙니다. 우리를 힘들게 하는 것은 내가 가장 못났다는 열등감, 나는 왜 이것도 하나 해결하지 못하나 하는 자괴감, 나를 업신여기는 사람들에게 받는 모욕감, 내가 이 세상에서 먼지보다도 못한 존재 같다고 느끼는 초라함, 내가 있는지 없는지 관심조차 두지 않고 흘러가는 세상일지 모릅니다. 그리고 그 어떤 것보다 우리를 힘들게 하는 것은 아무도 알아주지 않는 나만의 '병'입니다.

> 나도 모를 아픔을 오래 참다 처음으로 이곳에 찾아왔다. 그러나 나의 늙은 의사는 젊은이의 병을 모른다. 나한테는 병이 없다고 한다. 이 지나친 시련, 이 지나친 피로, 나는 성내서는 안 된다.
>
> – 윤동주의 시 「병원」 중에서 –

나는 분명 아프고, 힘들고, 괴로운데 누구도 알아주지 않습니다. 오히려 사람들은 내가 아프지 않다고 말하지요. 이 아무도 알아주지 않는 병을 앓으면서 나는 고립되어 갑니다. 아무에게도 이해받지 못하는 고통, 아무도 공감해 주지 않는 슬픔, 누구도 연민하지 않는 난관, 그 누구에게도 연결되어 있지 않다고 느끼는 고립감, 누구도 내 말을 들어 주지 않는다는 절망감, 이런 것들로 인해 병은 더욱 깊어만 갑니다.

이런 때 문학만이 내 고통에 귀 기울입니다. 내가 아프다고 말할 때 따져 묻지 않고, 나에게 관심을 가져 주고, 함께 아파합니다. 그것이 우리가 문학에게 받는 '위로'고 '공감'입니다. 아무도 모르게 아픈 나의 '병'을 치료할 수 있는 유일한 수단이 문학인 것이지요.

자기 상실을 애도하는 글쓰기
▼

다른 누군가에게 인정받기 위한 글쓰기가 아니라 자기 자신을 위해 쓰는 글 역시 나만의 병을 치료하는 데 도움을 줍니다. 이런 글은 우리가 살아가면서 잃어버린 것들을 떠올리고, 그리워하고, 충분히 슬퍼할 수 있게 해주지요. 단점을 발견하고 극복하는 것을 목표로 삼는 글쓰기가 아니라 자기 자신이 잃어버린 것을 충분히 애도하는 글쓰기라면 우리는 무언가 하고 싶고, 되고 싶은 마음을 회복할 수 있습니다. 하기 싫은 일들을 하는 데 마음의 힘을 억지로 쓰는 것이 아니라 하고 싶은 일들을 하고, 보고 싶은 것들을 보는 데 생산적으로 마음의 힘을 쓸 수 있게 되는 것입니다.

하고 싶은 것을 하고, 먹고 싶은 것을 먹고, 보고 싶은 것을 보는 것이 '살아가는 일'이자 '삶의 의지'라고 생각합니다. 그러려면 내가 무엇을 하고 싶은지, 무엇을 먹고 싶은지, 무엇을 보고 싶은지 알아야 합니다. 그런데 내 마음에 우울의 안개가 끼어 있으면 제대로 알 수 없습니다. 행여나 이 안개가 나쁜 일을 벌일까 봐 전전긍긍하는 데 마음의 힘을 다 쓰게 되지요. 그래서 어느 순간 내가 진정으로 원하는 것이 무엇인지 알 수 없는 상태에 이릅니다. 갑자기 숲속에서 길을 잃은 어린아이처럼 내가 누구인지, 나는 어디로 가야 하는지, 내가 지금 서있는 곳이 어디인지 알지 못한 채 캄캄한 절망과 불안에 휩싸이게 되지요. 그러니 이 우울의 안개를 벗겨 내고, 내 마음을 들여다보기 위해 우리는 글을 쓰고 읽어야 합니다.

유명한 소설가나 시인이 쓴 글만이 '위로'와 '공감'을 주는 것은 아닙니다. 예닐곱 살짜리 꼬마도 "엄마는 내 맘을 몰라." 하고 울면서 뛰쳐나갑니다. 어떤 초등학교 5학년 친구는 세상 사람들 모두 자신에게서 등을 돌린 것 같다고 말합니다. 이렇게 우리 모두는 자신만의 '병'을 앓고 있습니다. 세상이 인정하는 '병'만 아프고 세상이 인정하지 않는 '병'은 아프지 않은 걸까요?

세상 사람 누구도 알아주지 않고 나를 낳은 부모님조차 알 수 없는 '병'을 타인이 알아주기만 바라서는 이 아픔을 극복할 길이 없습니다. 나 스스로가 먼저 자신의 고통에 주목하고 이를 알아차려야 합니다. 고통을 인식해야 위로의 길이 열리기 때문입니다. 글쓰기는 나의 아픔을 가만히 들여다보고 그 아픔을 토닥토닥 어루만지는 힘을 갖고 있습니다. 글쓰기를 통해 자신의 아픔을 표현하는 순간 우리는 그 표현에 위로받을 수 있지요.

　더 나아가 다른 사람이 내 아픔에 공감하는 길이 열리고 그 길을 통해 나도 다른 사람의 아픔을 접하게 됩니다. 어떤 철학자는 타인의 고통과 슬픔에 공감하는 것이야말로 인간의 가장 윤리적인 태도라고 말했습니다. 그리고 타인의 고통과 슬픔에 공감하는 일은 내가 나 자신의 고통과 슬픔에 공감하는 일에서 시작됩니다. 이렇게 해서 글쓰기는 나 자신과 타인의 아픔을 직면하고 이에 공감하는 의미 있는 첫걸음이 될 수 있습니다.

나를 발견하고
보듬는 글쓰기

내가 노력하는 이유는 정말 나를 위해서일까요?

▼

우리는 이른바 '자기 개발의 시대'를 살아가고 있습니다. 말 그대로 이것도 잘하고 저것도 잘하고 뭐든지 잘해야 살아남는 시대를 살아가고 있지요. 대학을 가거나 취업을 하려면 공부만 잘하거나 입사 시험만 잘 보면 되는 게 아니라 다양한 동아리 활동도 해야 하고 봉사 활동 시간도 채워야 합니다. 봉사도 이웃을 돕기 위해 하는 것이 아니라 증명서를 받기 위해 하는 지경에 이르렀지요. 동아리 활동이든 취미 활동이든 하고 싶어서 하는 것이 아니라 보여 주고 증명하기 위해 선택하는 시대가 된 것입니다. 사람들은 엉덩이 잠깐 붙일

짬 없이 동분서주하며 살아가느라 내가 원해서 하는 일인지, 이 일의 의미가 무엇인지 물어볼 새도 없이 이미 어떤 일들을 하고 있습니다.

그렇게 나의 요구와 동기보다는 누군가가 제시한 과제 목록에 얽매여 살아가는 것이 오늘날 우리의 모습일지도 모르겠습니다. 이런 삶은 우리를 성장하거나 발전하게 하는 것이 아니라 소진시킬 뿐입니다. 자기 안에 있는 에너지를 밑바닥까지 박박 긁어서 모조리 퍼내도록 말이죠. 이렇게 하다가 자기 안에 있는 힘을 다 잃어버리면 그때는 무슨 힘으로 살아갈 수 있을까요?

이런 분위기 속에서 타인의 평가에 의존하는 삶은 오히려 자신을 더 지치게 만듭니다. 여러분은 누구의 눈으로 자신을 평가하고 있나요? 혹시 타인의 평가에 의존하고 있지는 않나요? 외출 전 기분 좋게 차려입은 자기 옷맵시에 만족하는 기준은 무엇인가요? '내 마음에 들어서'인가요? 아니면 '이 정도면 다른 사람들도 나를 멋지다고 평가하겠지.'라는 생각 때문인가요? 수업 시간에 선생님께 질문을 하는 것은 정말 궁금해서인가요? 아니면 '저는 이런 것을 질문할 줄 아는 아이입니다.'라는 걸 보여 주고 싶어서인가요?

타인의 시선으로 나를 평가하고 판단하는 것은 끝이 없는 일입니다. 나를 바라보는 사람은 많은데, 그 많은 사람들 모두에게서 좋은 사람이라는 평가를 받을 수는 없기 때문입니다. 누군가에게는 부족하거나 마음에 들지 않는 면이 있다는 평가를 받기 마련입니다. 살아가면서 내가 만나는 모든 사람의 눈에 들 수는 없지요.

서정주 시인의 「자화상」이라는 시에는 "나를 키운 것은 팔 할이 바람이다."라는 구절이 있습니다. 그런데 어떤 학생이 이 구절을 바꿔 "나를 키운 것은 팔 할이 열등감이다."라고 말한 적이 있습니다. 꽤나 많은 학생들이 이 말에 공감했던 것으로 기억합니다.

우리 사회 곳곳에서 똑똑하고 잘난 10대, 혹은 20대 학생들이 주눅 들어 있거나 스스로를 비하하는 장면을 종종 보게 됩니다. 사람들이 모두 입을 모아 "너 참 노래 잘하는구나."라고 말하는데 정작 본인은 "저는 세상에서 제일 노래를 못하는 사람이에요."라고 말하거나, "참 똑똑한 학생이구나."라고 말해도 정작 본인은 "저는 잘하는 것이 아무것도 없어요."라고 말하는 것을 듣게 될 때가 있지요.

당장은 나에 대한 낮은 평가가 스스로를 분발하게 만드는 채찍질이 될 수도 있습니다. 그러나 '자존'이 낮은 사람은 결코 '성장'할 수 없습니다. 타인의 평가에 매달리기 때문에 언제나 다른 사람의 눈치를 보느라 정작 자기 내면의 열망과 욕구에 집중할 수 없기 때문입니다. 게다가 자기 안에 깊숙하게 자리 잡고 있는 진정한 내면의 힘을 제대로 발휘하지도 못합니다. 다른 사람과 자신을 끊임없이 비교하면서 열등감과 불안감 사이를 오가느라 자신의 힘을 다 써버리고 마니까요.

그런데 나를 억압하는 목소리는 진정 타인의 것일까요? 여러분이 받고 있는 말과 시선이 여러분들의 삶에 영향을 미치도록 내버려 두거나 받아들인 것은 누구일까요? 바로 여러분 자신일지도 모릅니다. 사실 나를 바라보고 평가하는 타인의 시선은 내가 마음에 두지 않으면 내 삶에 큰 영향을 미칠 수 없거든요.

불교에서는 다음과 같은 이야기가 전해 내려옵니다. 어느 날 부처의 제자가 부처에게 "왜 당신을 모함하는 헛된 말들에 대응하지 않으십니까?"라고 물었습니다. 부처는 "소문난 잔칫상에 먹을 것이 한가득이어도 내가 먹지 않으면 그뿐이다."라고 말했습니다.

결국 나를 가장 힘들게 하는 것은 '타인'이 아니라 바로 그 타인의 평가를 내면화한 '나 자신' 아닐까요?

글쓰기가 만들어 주는 자기 발견의 '짬'
▼

우리 모두는 한번 사는 인생 "잘 살고 싶다."라고 말합니다. '잘 산다.'는 건 어떤 걸까요? 건강하게 지내면 잘 사는 걸까요? 돈이 많거나 직업이 있으면 잘 사는 걸까요? 여러 가지 답을 할 수 있겠지만 사람들은 원하는 것을 이룰 때 가장 행복감을 느끼는 것 같습니다. 그럼 잘 살기 위해서 가장 먼저 해야 할 일은 자신이 무엇을 원하는지 아는 일이 되겠죠. 그다음 해야 할 일은 원하는 것을 얻거나 이룰 방법을 아는 것이고요.

그런데 이 간단한 일이 참 어렵습니다. 우리에게는 이 간단한 일을 할 시간이 없기 때문입니다. 자신이 원하는 게 무엇인지 스스로에게 묻고 답을 찾을 '짬'이 우리에게는 없습니다. 해야 할 일을 하느라, 혹은 해서는 안 될 일을 참느라 우리의 몸과 마음은 너무 바쁘기만 합니다.

흔히 '멍 때린다.'라는 표현을 쓰곤 합니다. 사실 중요한 생각은 빈둥거리는 시간 속에서 나옵니다. 아무것도 하지 않고 가만히 생각에 잠기는 시간에 우리는 중요한 사실을 깨닫곤 하지요. 달리던 자전거의 페달을 멈추거나 올라탄 기차에서 내려와야 내가 가려는 곳이 어디인지, 거기에 가는 것이 내게 어떤 의미가 있는지 살펴볼 수 있습니다. 멈추고 돌아보고 느끼고 생각하는 시간, 바로 그것이 살아가는 데 꼭 필요한 '짬'이라고 할 수 있습니다.

이런 '짬'이 없으면 내가 원하는 것이 무엇인지, 어떤 선택이 나를 이롭게 하는 것인지 알 수 없습니다. 내가 '내 삶'을 살고 있다고 말하려면 나를 아는 것이 중요한데 말이죠. 그것이 '실체로서의 나'와 일치하는지 여부는 중요하지 않습니다. 내가 원하는 것을 알려고 노력하고, 그 결과로 어떤 생각을 갖게 되는 것, 그리고 이런 생각을 거듭하면서 점점 더 자기 자신에 대해 풍부하게 알게 되는 것, 그것이 삶의 의미가 아닐까 합니다.

글쓰기는 우리에게 '짬'을 만들어 주고, 이 짬을 통해 나를 발견하도록 이끕니다. 글쓰기가 이끄는 '자기 발견'은 몰랐던 나를 발견하는 과정이기도 하지만 나를 만들어 가는 과정이기도 합니다. 글쓰기를 통해 풍부한 사람으로 거듭나는 즐거움을 경험하게 되는 겁니다. 나를 알고자 하는 글쓰기가 나를 새롭게 만드는 실천으로 이어지는 것이지요. 글쓰기는 내가 스스로 품고 있는 나 자신에 관한 이야기를 변화시켜 나의 삶을 다른 방향으로 이끌어가는 여정이기도 합니다.

시인 김수영은 시를 쓰는 것을 온몸으로 부딪쳐 가는 일로 표현했습니다. 내 삶에 온몸으로 부딪쳐 보지 않고서는 '내가 내 삶을 살아간다.'라고 말할 수 없을 겁니다. 내 삶을 살아가는 힘은 타인의 의지나 시선에 갇힌 삶에서 벗어나 직접 날 것의 인생에 부딪쳐 보려는 용기와 결단에서 나옵니다. 글을 쓰는 일은 이처럼 '자기 자신'과 자신의 '인생'에 직면하는 일입니다. 어쩌면 무한대의 용기가 필요한 일인지도 모르겠습니다.

나의 이야기를 바꾸면 삶이 달라질 수 있어요
▼

인간은 누구나 이야기하고자 하는 욕망을 갖고 있습니다. '내가 누구인지' '자신이 살아가는 세상이 어떠한지' 이야기로 이해하고 이야기로 풀어냅니다. 〈임금님 귀는 당나귀 귀〉라는 이야기를 알고 있지요? 임금님 귀의 비밀을 혼자 알고 있던 신하의 말하려는 욕구는, "말하지 말라."라는 금기가 강할수록 더욱 거세집니다. 저 먼 숲속 깊은 곳에 가서 혼자 소리치는 한이 있더라도 말하지 않고는 견딜 수 없는 욕구가 사람에게는 내재되어 있는 것이지요. 신체적인 이유나 심리적인 요인 때문에 말을 할 수 없는 것이 아니라 표현 자체가 금지되어 말할 수 없게 된다면 인간은 제대로 살아갈 수 없을 겁니다. 인간은 표현하지 않으면 스스로의 존재를 증명할 수 없다고 느끼기 때문입니다.

여러분에게 익숙한 〈천일야화〉의 '세헤라자데'도 마찬가지입니다. 그녀는 왕 앞에서 매일 밤 이야기를 이어갑니다. 이야기를 하지 않으면 죽을 수밖에 없는 자신의 운명을 알고 있기 때문입니다. 사실 모든 인간은 자신이 언젠가는 죽는다는 사실을 알고 있습니다. 그래서 어떤 식으로든지 자기 삶의 의미를 만들고 표현함으로써 자기 존재의 흔적을 남기려 합니다. 죽음을 앞둔 세헤라자데처럼 끝이 정해진 삶을 살아가는 인간도 끊임없이 이야기를 만들어 냅니다. 이야기하고자 하는 욕구가 살아갈 힘을 만들어 내는 것입니다. 세헤라자데는 어쩌면 살기 위해 이야기한 것이 아니라 이야기하는 힘으로 살아간 것일지도 모르겠습니다.

이야기는 사람이 자기 자신과 세계를 이해하고 인식하는 방식인

아내에게 배신당한 탓에 결혼한 다음 날 아침마다 신부를 죽이는 왕이 있었습니다. 어느 날 세헤라자데라는 여성이 자진하여 왕을 섬기면서 1000일 동안 재미있는 이야기를 들려줍니다. 왕은 이야기가 궁금하여 계속 그녀를 살려 두지요. 〈천일야화〉는 세헤라자데가 말한 이야기 모음집입니다.

동시에 내용입니다. 이야기를 통해 자신과 세계를 이해하고 그 인식과 이해의 내용을 이야기로 표현하는 것이지요. 이야기는 여기에 머물지 않고 삶을 살아가는 태도와 대상을 바라보는 시선에 영향을 미칩니다. 이렇게 해서 이야기는 사람들의 삶과 세상을 바꿉니다. 사람들은 저마다 자신이 의지해 살아가는 자신만의 이야기가 있습니다. 그런데 이 이야기를 바꾸면 인생이 달라지기도 합니다. 자신의 이야기를 들여다보고 이를 바꿈으로써 삶의 변화를 꾀하는 것이지요. 말하자면 살아가는 대로 이야기를 만드는 것이 아니라 이야기대로 살아가는 셈입니다.

여러분은 어떤 '이야기'에 의지해 살아가고 있습니까? 여러분의 이야기는 어떤 사건, 어떤 기억으로 구성되어 있습니까? 그 이야기를 지배하는 감정은 무엇입니까? 글쓰기는 이 '자기 이야기'를 성찰하여 재배치하는 과정이라고 할 수 있습니다. 자기 이야기를 구성하는 사건과 사람들 관계만이 아니라 그 사건과 관계 속의 내 모습과 감정까지 들여다보는 것이 글쓰기입니다. 내 삶을 구성하고 이끌어가는 이야기가 어떻게 구성되어 있는지 찬찬히 들여다보는 것이지요. 이와 같은 글쓰기를 통해 우리는 자신의 삶에서 중요한 문제가 무엇인지 깨달을 수 있습니다. 자신의 이야기를 발견하고 새롭게 바꾸면서 자신의 삶도 바꿀 수 있게 되는 것입니다.

글쓰기로 세상도 바꿀 수 있어요
▼

개인의 삶과 마찬가지로 한 사회가 나아가는 길도 그 사회의 정체성을 가늠하는 이야기에 따라 달라집니다. 무엇을 중요하게 여기는 사회인지에 따라 사회적 가치와 규범, 제도 등이 달라지는 것입니다. 지금 한국 사회를 지배하는 이야기는 무엇입니까? 한 가지는 분명하게 알 수 있습니다. 지금 한국 사회를 지배하는 이야기는 '사람'과 '삶'의 가치를 중요하게 다루지 않는다는 사실 말입니다.

　오늘날 우리 사회에서 한 사람의 불행은 그 사람의 탓으로 인식됩니다. 그래서 그 사람이 노력해야 더 잘 살 수 있고 더 행복해질수 있다고 말합니다. 각각의 사회 구성원들이 노력을 하지 않거나마음에 문제가 있기 때문에 원하는 것을 이룰 수 없는 것이라고 말하죠. 그래서 좋은 대학을 가거나 좋은 일자리를 얻기 위해 스펙을쌓아야 하는 것처럼, '멘탈mental'도 스스로 잘 관리해야 한다고 말합니다. '힐링', 혹은 자기 치유마저도 우리가 수행해야 할 자기 개발의목록 가운데 하나가 되어 버린 겁니다.

　그런데 만약 우리가 행복하지 않다면 그 이유 중 최소한 하나 이상은 사회에 있는 것이 아닐까요? 예를 들어 개인이 아무리 노력해도 사회가 바뀌지 않는 한 변화하지 않는 일들이 있기 마련입니다.그런데도 사회는 이 모든 불행과 패배를 개인의 탓으로 돌립니다.그래서 사람들은 불행하다는 감정에 더해 스스로를 불행하게 만들고 있다는 자책감과 죄의식, 자괴감까지 떠안게 되지요. 이런 반성은삶을 더 나은 방향으로 이끌지 못합니다. 부정적 감정이 만들어 낸나쁜 것들을 견디고, 그것이 엉뚱한 방향으로 드러나지 않도록 억누르느라 자신의 모든 에너지를 쓰기 때문입니다. 그래서 정작 '살아가는 일'에 에너지를 쓰지 못하게 되지요. '이야기'를 들여다보고 새롭게 구성하는 일은 이처럼 개인만이 아니라 한 사회를 위해서도 꼭 필요한 일입니다.

자기를 돌보는 글쓰기의 시작

▼

사람들은 흔히 인사말처럼 "행복하세요?"라고 묻곤 합니다. 이런 말을 들으면 행복한 것이 마땅하고 당연한 일인 것처럼, 또한 행복하지 않다면 내게 큰 문제가 있는 것처럼 생각하게 됩니다. 어느 틈엔가 행복도 우리가 성취해야 할 과제 목록의 하나가 되어 버린 것이 아닐까요? 건강해지기 위해 강박적으로 달리기를 해야 하는 것처럼 성공뿐 아니라 행복을 위해서도 우리는 숨 가쁜 달리기를 계속해야 합니다.

언젠가 이런 연구 결과를 본 적이 있습니다. 미국 뉴욕의 행복 지수와 네팔의 수도 카트만두 사람들의 행복 지수를 비교해 보았는데 네팔 사람들의 행복 지수가 더 높게 나왔다는 겁니다. 그 결과에 대해 연구자들은 '삶이 고통이라고 생각하는 사람들이 느끼는 일상의 사소한 행복'이 '사람은 누구나 행복해야 한다고 생각하는 사람들이 느끼는 일상의 행복'보다 훨씬 크기 때문이라고 말했습니다. 행복이 인간의 본성이자 의무라고 생각하는 사람들에게 현재의 불행은 '나의 잘못'일 수밖에 없기에 이런 생각을 가진 사람들은 행복해지기 위해 끊임없이 자신을 채찍질할 수밖에 없습니다. 채찍질하며 계속

해서 가속 페달만 밟다가는 언젠가 넘어져 다시 일어나지 못하는 날이 올지도 모르는데 말이지요.

스스로를 더 나은 상태로 끌어올리겠다는 강렬한 자기 개발의 의지만으로는 진정한 '자기 돌봄'을 이루기 어렵습니다. 이것은 나를 '돌보는' 일이 아니라 나를 '내모는' 일에 가깝습니다. 우리는 스스로를 어디까지 내몰고 있을까요? 내몰리다 갈 곳을 잃은 마지막 순간에 스스로를 보듬을 힘이 우리들에게 남아 있기는 할까요? 나조차도 스스로를 돌보지 않는데 나를 안아 줄 이가 있을까요?

마지막 순간에 나를 보듬을 사람은 부모나 친구가 아니라 바로 나 자신입니다. 그래서 나를 보듬어 안을 수 있는 이 마지막 '돌봄'의 힘만은 내게서 퍼내지 않고 남겨 두어야 합니다. 이 힘을 잃어버리면 이 세상에 나를 받아 줄 이가 없을 테니까요.

자기 탐색의 글쓰기가 추구하는 '돌봄'은 자기 자신을 비롯한 누군가를 채찍질하거나 누구의 탓인지 규명하는 일에 초점을 두지 않습니다. 가만히 들여다보고, 가만히 생각하고, 가만히 느끼고, 그래서 가만히 자기를 끌어안는 것이 글쓰기가 지향하는 '돌봄'입니다. 달려가는 삶의 속도를 멈추고, 가만히 누워 빈둥거리면서 생각하고, 또 온전히 느끼고, 그 생각과 느낌을 글로 쓰는 일이 우리에게 중요한 이유는 이런 '돌봄'이 삶의 에너지를 충전해 주기 때문입니다.

지금 우리 사회에서 그 어느 때보다도 글쓰기가 필요한 까닭이 여기 있는지도 모르겠습니다. 지금 우리에게 필요한 일은 자기 자신을 돌볼 수 있는 잠깐의 '짬'을 만드는 것, 이런 '짬' 속에서 자신의 삶을 돌아볼 시간과 여유를 만드는 것, 무엇보다 그런 일을 할 수 있도록 내 마음에서 어떤 '힘'과 '동기'를 찾아내는 것입니다. 그리고 우리는 자기 자신에 대해서나 타인에 대해 이런 '돌봄'을 실천할 필요가 있습니다. 지금 우리는 서로를 돌보지 못할 뿐 아니라 자기 자신도 돌보지 못하고 있기 때문입니다. 사람을 돌보지 않는 사회, 스스로를 돌볼 수 없는 사회에는 미래가 없습니다. 사람이 살아가지 못하는 사회는 존재할 이유가 없기 때문입니다.

문학, 혹은 글쓰기만이 이런 돌봄을 실현할 수 있다고 말할 수는 없습니다. 그러나 최소한 인류 역사 속에서 이런 역할을 해온 가장 오래된 무언가가 있다고 한다면 그중 하나는 분명 인간이 자신과 세계를 이해하고 그것을 표현해 온 '말'과 '글'일 것입니다.

❶ 나의 '내면 아이'는 어떤 모습인가요? 어른들의 사정을 납득하고 이해하

느라 자신의 감정에 솔직할 수 없었던 순간을 떠올려 보세요. 그때 나는

어떤 장소에서 누구와 무엇을 하고 있었나요? 그때 내가 느낀 감정은

무엇인가요?

❷ 아기장수 이야기를 떠올리면서 '내 날개는 무엇이었을까?' 하고 생각해
보세요. 내가 버려야 했던 나의 '남다름' '내가 인정할 수 없었던 상실' 등
을 생각하고 이를 글로 써보세요.

18세기는 역사적으로, 그리고 철학적으로 중요한 시기입니다. 당대 빠르게 변화하는 영국 사회에서 많은 사상가들이 본격적으로 '나는 누구인가?'라고 질문하고 토론하기 시작했거든요. 그로 인해 앞으로 어떻게 살아가야 하는지 방향이 나올 뿐 아니라 역사가 바뀌기도 했습니다. 여러분 역시 자신에게 꾸준히 질문한다면 스스로 미래를 가꾸고, 더 나아가 역사를 바꿀 수 있습니다.

– 윤혜준 선생님

올곧은 질문 하나가
'나의 미래'를 바꿔요

언제부터
'나'에게 질문을 했을까요?

'나'를 둘러싼 환경은 계속 변화해요

▼

우리가 사는 지구는 몇 살일까요? 정확한 나이를 알 수는 없지만(과학자들이 하는 말들은 사실상 다 추측이랍니다.) 나이가 매우 많다는 것은 분명해요. 그렇다면 인간은 언제부터 살았을까요? 그것 역시 정확히 알 수는 없지만 매우 오래되었어요. 이처럼 지구가 몇 살인지, 인간이 언제부터 살았는지 우리는 정확히 알 수 없어요. 하지만 지구는 돌고 있고, 그 지구에서 인간이 살고 있다는 것은 눈에 보이는 분명한 사실이지요. 그리고 억겁의 세월을 돌고 있는 지구처럼, 혹은 수만 년 전부터 오늘까지 살고 있는 인간처럼 인류의 역사 또한 '과거'이면서 동시에 '현재형'이랍니다.

　그 과정 속에서 사회는 계속 변화해 왔어요. 한 가지 예를 들어 볼까요? 지금 우리가 입고 있는 옷들은 조선 시대 조상들이 입던 '한복'인가요? 아니지요. 서양에서 들어온 옷이에요. 그렇다고 해서 한복이 완전히 사라진 것은 아니에요. 설날이나 추석 같은 명절 또는 결혼식처럼 특별한 날에 한복을 입기도 하니 말이에요. 그렇지만 오늘날 한반도에 사는 사람들은 대개 서양식 옷을 입고 살아요.

　옷만 그럴까요? 먹는 것도 마찬가지예요. 요즘 한국인들이 가장 자주 먹는 음식은 쌀밥이 아니라 면 요리와 커피라고 해요. 또한 외국어도 많이 들어와 사용되고 있어요. 방금 전 문장에서 쓴 '커피'라는 말이 그 예입니다. 또 많은 한국 사람들이 사는 곳인 '아파트' 역시 '아파트먼트'라는 말이 한국식으로 변화한 것이랍니다. 참고로 아파트먼트는 원래 프랑스나 영국에서 여러 가구가 큰 건물 안을 일정하게 나누고, 독립적으로 살던 공동 주택을 일컫는 말이었어요.

18세기 영국에서부터 본격적으로 '나'를 궁금해했어요
▼

　이 장에서 우리가 생각해 봐야 할 것은 서양식 옷이나 커피, 아파트처럼 눈에 보이는 문화가 아니에요. 눈에 보이지는 않지만 우리가 느끼고, 살아가고, 행동하는 데 큰 영향을 주는 것들이랍니다. 바로

'생각'이나 '가치관'이지요. 어떤 생각을 하고 사는지에 따라 내가 사는 방식은 달라진답니다. '가치관', 즉 어떤 것을 더 중요하게 여기느냐에 따라 내가 결정하는 것들이 달라진다는 이야기예요. 생각과 가치관은 사회가 변하면 같이 변한답니다. 때로는 생각과 가치관이 새롭게 만들어지기도 하고 사라져 버리기도 하지요. 또 다시 되살아나거나 옛날 생각과 합쳐지는 경우도 있어요.

'나는 누구인가?' '나에게 가장 중요한 것은 무엇인가?'라는 물음 역시 마찬가지예요. 어떤 시대, 어떤 곳에서건 사람들은 살면서 비슷한 의문을 가졌을 거예요. 하지만 오늘날과 같이 '있는 그대로의 나'를 찾는 자기 발견식의 질문이 본격적으로 시작된 것은 18세기 영국에서였답니다.

18세기에 영국은 정치, 경제, 문화 면에서 가장 먼저 근대화를 겪은 나라예요. 시민이 직접 정치인을 뽑는 민주주의, 누구나 자유롭게 돈을 버는 시장 경제, 다양한 언론 매체들이 실시간으로 마음껏 시민들에게 정세를 보고하는 자유 언론……. 이런 제도들이 모두 18세기 영국에서 처음 시작되었지요. 그렇다면 먼저 18세기 영국 사회를 살펴볼까요?

오늘날
사회의 표본, 18세기 영국 사회

가장 먼저 왕권이 약화된 나라, 영국

▼

18세기 영국의 왕은 다른 나라의 왕과 달랐어요. 백성들의 눈치를 봤지요. 1649년에 귀족들과 평민으로 구성된 의회가 왕(당시 찰스 1세)을 '나라의 반역자'라고 처형한 청교도 혁명과 1688년에 의회가 왕(당시 제임스 2세)을 교체한 명예혁명이 일어난 결과예요. 사실 왕이란 혈통을 이어받아야만 될 수 있잖아요? 조선을 세운 태조 이성계의 아들, 손자, 손자의 아들, 후손들이 다음 왕으로 등극하는 것처럼 말이에요. 그런데 영국에서는 두 혁명을 통해 혈통으로는 아무런 문제가 없는 왕을 내쫓고 다른 왕을 세우면서 혈통의 의미를 없앤 것이죠.

이렇게 왕보다 권력이 센 영국 의회는 어떤 곳이었을까요? 우리나라 국회와 비슷하게 정치적으로 적대 관계인 사람들이 자신들의 권리와 권력을 위해 논쟁을 벌이는 곳이었어요. 귀족들이 원래 주축이던 이곳에 돈을 많이 번 평민 사업가들도 참여하게 되면서 그들의 말싸움은 한층 더 시끄러워졌지요.

사람들이 투표로 '나'를 드러내기 시작했어요

▼

이렇게 시끌시끌한 체제에서는 투표를 할 수 있는 사람들 모두가 중요했어요. 그들이 가지고 있는 한 표의 가치가 모두 동일했으니까요. 투표는 '나는 누구인가?'라는 질문하고도 관련이 깊어요. 유권자 모두가 투표를 통해서 '내가 원하는 것은 무엇인가?' '나에게 가장 중요한 것은 무엇인가?'를 동일하게 드러내기 때문이지요.

그렇다면 당시 18세기 영국의 유권자들, 그러니까 어느 정도 사는 남성 시민들은 무엇을 원했을까요? 그들이 원한 것은 바로 '자유'였어요. 그런데 그 '자유'라는 것이 정말 다양했답니다. 어떤 사람들에게는 '조상 대대로 물려받은 특권'이었고, 또 다른 사람들에게는 '평등'이었죠. 또 누군가는 '내 생각을 표현할 권리'를, 반대로 그러한 표현 때문에 크게 기분이 상하거나 모욕감을 느낀 사람들은 자신의 명예를 보호받을 권리를 '자유'라고 주장했지요. 이처럼 사람들은 각자 중요하게 여기는 것이 무엇인지에 따라 다르게 투표함으로써 자신을 드러냈어요. 그럼 당시 사람들이 가장 많이 추구한 자유는 무엇이었을까요?

산업화와 시장 경제가 싹트기 시작한 영국
▼

여러분도 오늘날 '돈'과 '경제'가 세상을 주도한다는 것을 느끼고 있지요? 이러한 모습은 18세기 영국 사회에서 시작되었어요. 당시 영국은 '돈'이 가장 중요한 사회였답니다. 모든 것을 사고팔았지요. 심지어 사람도 사고팔았어요. 그리고 성적 쾌락을 추구하다 생긴 아이들이 고아가 되어도 내 알 바 아닌 사회가 바로 시장 경제가 싹트던 영국의 모습이었답니다.

여기에 돈을 믿을 수 있게 발행해 주는 중앙은행 제도가 정착하면서 자유롭게 돈을 투자하고, 사업을 벌이는 사람들이 많아졌어요. 자신이 가지고 있는 돈이 가짜인지, 돈의 가치가 갑자기 하락하는 것은 아닌지 걱정이 들면 돈을 마음대로 쓰지 못할 텐데 영국 중앙은행이 찍어 낸 돈은 믿을 수 있었으니까요. 그 결과 돈의 흐름이 빨라지면서 영국은 유럽에서 가장 먼저 산업화를 진행시킨 나라가 되었어요. 덕분에 전보다 풍요롭고 안락한 삶을 살아가는 사람들이 많아졌지요.

자연스레 사람들은 '돈을 벌 자유'를 추구했답니다. 당연히 '번 돈을 마음대로 쓸 자유'도 함께 원했지요. 그런 사람들에게 "나는 누구인가?"라는 질문을 던지면 아주 분명한 대답을 들을 수 있었어요.

"나는 돈을 버는(쓰는) 사람이야!"

그렇다면 당시에 '돈이 없는 나'는 '나'로 존재할 수 없었을까요? 아마도 자본가와 사업가들은 자신의 알 바가 아니라는 뜻으로 "그것은 내 비즈니스가 아니야.(It's none of my business.)"라고 말했을 거예요. 여기에서 '비즈니스'는 18세기부터 사람들이 자주 써온 말이에요. 원래 의미는 '바쁜 상태'이지만 당시 분위기에 따라 '돈을 버느

18세기 산업 혁명으로 영국에서는 수많은 공장들이 생겨났어요. 그리고 지주들로부터 터전을 잃은 농민들이 도시로 몰려와 그 공장을 채웠지요.

라 바쁜 상태' '매매' '상거래'를 뜻했지요. 돈을 버느라 바쁜 자본가
와 사업가에게는 가장 중요한 것이 바로 '돈'이었답니다. 그들에게
돈을 제대로 벌지 못하거나 돈이 없는 노동자 그리고 빈곤층은 주요
관심사가 아니었죠. 그 결과 '아동 노동' '저임금' 등 부당한 대우를
받는 노동자의 수가 급격히 증가했습니다.

사람들이 도시로 몰려들기 시작했어요
▼

당시 사회적 분위기로 인해 농민들은 터전을 잃고 무작정 도시
로 몰려와 노동자가 되었어요. 그 결과 18세기와 19세기 사이에 영
국 도시에 거주하는 인구가 급격히 늘어났지요. 1700년에는 도시
인구가 전체 인구의 약 10%에 불과했지만 100년 뒤인 1800년에는
30%, 1900년에는 80%까지 늘어났어요. 특히 영국 수도인 런던의
인구수는 1550년대에 대략 7만 5000명이었지만 점점 그 수가 늘어
나 1700년에 57만 5000명까지 늘어났어요. 18세기가 끝날 무렵에
는 거의 100만 명이 되었답니다. 런던은 유럽에서 가장 많은 사람들
이 사는 도시가 되었지요.

한국 역시 비슷한 현상을 겪었어요. 한국 전쟁이 일어나던 해에는
한반도에 사는 사람들 중 20%만이 도시에서 살았고 나머지 80%는
시골에서 살았지요. 그로부터 50년 후인 2000년에는 20%만 시골에,

나머지 80%가 도시에 살았어요. 미래에는 이런 현상이 더 심해질 거라고 해요. 2050년에는 불과 10%만이 시골에 살고 나머지 90%는 도시에 살 것이라는 예측이 나오고 있죠.

이렇게 많은 사람들이 사는 도시는 과연 살기 좋았을까요? 북적거리고 화려한 런던이 재미있는 곳이었던 건 분명해요. 특히 돈 있고 힘 있는 사람들한테는 말이에요. 그러나 돈이 없는 사람들에게는 정말 살기 힘든 곳이었어요. 천정부지로 치솟는 집값 때문에 한국의 많은 서민들이 걱정하듯이 말이에요. 그럼에도 영국 사람들은 자꾸 런던으로 몰려들었어요. 사업 성공 또는 출세할 기회, 짜릿한 재미를 찾아 도시로 왔지요. 무엇보다 땅이 없는 농민들은 먹고 살려면 도시 공장에 취직하는 수밖에 없었어요.

'나'를 정의할 새로운 말이 필요해졌어요
▼

이렇게 변화한 거주 환경은 사람들의 가치관에도 영향을 주었어요. 전통적인 농촌 사회에서 "너는 누구니?"라고 물어보면 "나는 누구 집 첫째 딸이다." "누구의 손자다."라는 대답을 들을 수 있었어요. 공동체 생활이 주를 이루던 당대 사회에서는 이렇게만 말해도 자신을 충분히 설명할 수 있었으니까요. 한국도 오랜 세월 시골에서 '우리 마을'을 이루며 산 탓인지 한국어에서 '우리나라' '우리 집' '우리

아이' '우리 학교' 등 '나'보다 '우리'라는 말이 더 많이 쓰이고 있죠.

반면에 도시는 오랜 세월 알던 사람들끼리 모여 사는 곳이 아니에요. 여러분도 같은 아파트에 사는 사람들을 잘 모르잖아요? 바로 옆집에 사는 사람과 인사를 안 하기도 하고요. 오랜 세월 알고 지낸 사이가 아니라 우연히 같은 아파트에 살다가 언제든지 헤어질 수 있는 사람들이 모여 있는 곳이 바로 도시이지요.

이런 공간에서 "누구 집 첫째 딸."이라고 자신을 소개하면 옆집에 사는 사람은 나를 알아볼 수가 없어요. 새로운 가치로 떠오른 '돈'을 좋아하는 사람으로만 자신을 표현하자니 다른 사람과 크게 구별되지도 않았죠. 그래서 도시에 사는 사람들은 자신을 소개할 새로운 말이 필요했답니다.

많은 사람들이 '나'에 대한 새로운 생각들을 주장했어요
▼

18세기 런던에는 출판업이 성행했어요. 당시 언론 및 출판의 자유가 보장되면서 생긴 결과이지요. 출판업자들은 늘 새로운 '콘텐츠'를 찾아다녔어요. 그리고 그들은 기회를 찾아 런던으로 몰려든 사람들 중 글재주가 뛰어난 사람을 찾아내거나, 안정된 수입이 있어도 본인이 할 이야기가 있어서 원고를 보내 주는 사람들의 글을 받아 독자들이 좋아할 책들을 꾸준히 출판했지요. 덕분에 이 시기에는 후대 사람들이 두고두고 읽는 중요한 책들이 많이 나왔어요.

이제부터 살펴볼 사상가들은 '우리'보다는 '나'를 중요시하고, 가장 중요한 가치가 '돈'이 되어 버린 18세기 영국 사회에서 사람들이 하는 새로운 생각들을 정리해 준 사람들이에요. 누구나 조금씩 해본 생각을 그들이 논리적으로 정리해서 책으로 내면 독자들은 "맞아, 나도 그런 생각을 했었어!" 하고 반가워했어요. 그리고 친구들이나 아는 사람들에게 "그 책 좀 읽어 보시오!" 하고 권했지요. 그렇게 유명해진 책들은 몇백 년이 지난 오늘날까지도 사람들에 의해 읽히고 있어요.

대표적인 예가 '경제학의 아버지'라고 불리는 애덤 스미스의 『국부론』(원래 제목은 『나라의 부가 어떠한 속성이고 어떻게 생겨나는지에 대한 탐구』랍니다.)이에요. 사실 애덤 스미스는 '경제학자'가 아니었어요. '인간의 심성은 어떠한가?'에 대해 자신의 사상을 풀어낸 '도덕철학자'였지요. 사업을 직접 해본 사람도 아니었답니다. '돈'으로 세상의 원리를 설명하는 『국부론』이 워낙 인상적이어서 모두 그렇게 생각했을 뿐이지요. 자, 그럼 지금부터 애덤 스미스를 비롯한 18세기 사상가들이 '나'에 대해 어떤 생각을 했는지 살펴볼까요?

18세기 철학자들의 첫 질문
나는 누구일까요?

내가 존재한다는 것은 어떻게 알 수 있을까요?

▼

　전통적인 농촌 사회에서는 대대로 전해 내려오는 믿음이나 풍습을 중요하게 여겼어요. 대표적인 예로 명절에 지내는 차례나 기일에 지내는 제사가 있지요. 그런데 여러분은 돌아가신 할머니, 할아버지 기일에 제사상을 차리거나 명절에 차례 상을 차리면서 '이건 누구를 위한 상차림이지?' 하고 의심한 적 없나요? 그렇게 차려 놓아도 돌아가신 할아버지가 정말로 와서 그 음식을 드시지 않는데 말이죠. 절을 할 때 눈앞에 보이는 것은 줄어들지 않는 음식뿐이잖아요.

　꼭 돌아가신 분들에 관한 이야기만은 아니에요. 살아 있는 내가 정말 '나'인지도 궁금할 수 있어요. 끊임없이 의심하다 보면 거울에 비치는 '나'도 가짜처럼 보일 때가 있잖아요? 그래서 다양하고 새로운 가치의 등장으로 기존의 전통 가치가 흔들리기 시작하던 영국 사회에서는 많은 사상가들이 끊임없이 '나'를 의심하고 새롭게 정의하기 시작했어요.

직접 느끼고 경험하는 '나'가 '진짜 나'예요
▼

내가 느끼고 경험한 것들만 진짜라고 생각한 사상가들이 있었어요. 그들은 감각을 직접 느끼는 '나'야말로 진짜 내 모습이라고 생각했지요. 직접 느끼고 경험한 것들이 계속 쌓여서 자신의 '믿음' 내지는 '신념'으로 굳어졌다고 말이에요. 쉽게 말하면 어릴 때 경험한 것들이 무의식 속에 깊이 자리 잡혀서 지금의 나를 형성한 것이죠.

이렇게 '나'를 설명한 대표적인 인물이 존 로크라는 사상가예요. 그는 『인간지성론』에서 사람의 생각을 빈 옷장과 흰 종이에 비유했어요. 빈 옷장에 옷들을 계속 채워 정리하듯이, 그리고 빈 종이에 글자를 하나둘씩 적어서 채우듯이 사람의 생각도 그렇게 형성된다는 것이지요.

예를 들어서 어린아이가 불을 만졌다가 손을 덴 적이 있으면 불은 '아프게 하는 것'이라는 생각을 하게 될 거예요. '어두우면 무섭다.'는 생각이 있다면 어두운 곳에서 움직이다가 넘어진 일이 있기 때문일 거고요. 반면에 태어날 때부터 시력을 잃은 사람에게 '어두움'의 의미는 정상적인 시력을 갖고 있는 사람과 다르겠죠. 또한 '엄마'가 좋은 이유는 엄마랑 즐겁게 보낸 어린 시절의 추억 때문이지요. 반대로 엄마를 모르고 자란 아이는 엄마 밑에서 자란 아이와는 다른 방식으로 엄마를 기억할 거예요.

따라서 로크는 직접 느끼고 경험한 것이 쌓여서 '나'를 형성한다고 주장해요. 그리고 "인간은 태어날 때부터 '효'라는 생각을 갖고 있어. 따라서 부모가 살아 있을 때에는 효도해야 하고, 죽었을 때에는 제사상을 차려야 해."라고 주장하는 사람들에게 이렇게 말할 거예요.

"태어날 때부터 '효'라는 게 사람에게 있다고? 그러면 왜 그렇게 불효자가 많지? '효'라는 건 어릴 때부터 느낌과 경험을 통해 만들어진 생각이야. 그런 걸 만들어 주는 사회가 있고 그렇지 않은 사회도 있어."

로크는 내가 성장하고 살아가면서 내 안에 자리 잡은 생각을 '가치관'이라고 말해요. 그리고 그의 주장에 따르면 시대, 사회, 살아온 환경 등에 따라 가치관은 달라지지요. 무엇을 경험하는지에 따라 머릿속에 자리 잡힌 생각도 달라져요. '엄마 아빠가 최고'라고 느끼던 어릴 때에는 '효'를 중요하게 생각하다가 학교생활을 하면서는 우정을 중요시하고, 부모님 중 한 분이라도 아픈 모습을 옆에서 보게 되면 다시 '효'가 중요하다고 여길 수 있지요. 어떤 개그맨 말대로 '그때그때 달라요.'가 정답이 되는 거예요.

여러분은 자부심을 느낄수록 더욱 노력하지 않나요?

▼

'절대적인 진리나 가치는 없다.'라고 생각하는 회의주의자, 데이비드 흄은 로크의 주장을 더 발전시켰어요. '자부심'과 '모욕감'이 나를 움직인다고 보았지요.

그런데 자부심과 모욕감은 그때그때 다른 느낌들이에요. 여러분 앞에 멋진 집과 자동차가 있다고 가정해 볼까요? 누구나 좋아할 만한 집과 자동차를 보면서 자부심을 느끼기 위해서는 자기 자신이 그것들을 소유해야만 해요. '나도 저런 집에 살면서 저런 자동차를 타고 다닌다니, 대단하지 않아?'라고 생각하겠지요. 반대로 그 물건들이 내 것이 아니면 자신이 가진 집과 자동차가 초라하게 느껴질 거예요. 이때 느끼는 몹시 괴로운 감정을 모욕감이라고 하죠.

시장 경제가 활성화되면서 돈이 중요한 가치로 떠오르기 시작한 18세기 영국 사회에서는 흄의 주장에 동의하는 사람들이 많았어요. 그래야 소비 생활을 당당하게 할 수 있었으니까요. 비싼 집, 넓은 땅을 가지고 있다는 사실만으로도 남들에게 자신이 대단해 보일 수 있잖아요. 당시에는 '돈'이 중요한 가치였기 때문에 남들보다 풍요롭다는 사실만으로도 굉장한 자부심을 가질 수 있었던 것이지요. '아, 내가 이렇게 비싼 차를 몰고 있다니, 나는 참 대단해!' '아, 내가 이런 명품 가방을 들고 다니다니, 내가 자랑스러워!' 이런 식의 생각을 하면서 말이에요.

자연스레 사람들은 자신이 돈을 버는 분야에서 더욱 노력할 테지요. 반대로 그런 모습을 보는 빈곤층은 모욕감을 느끼면서 더욱 무기력해져 낮은 위치에 계속 머물 것이고요. 이처럼 자부심과 모욕감은 나와 남이 끝없이 서로 경쟁하는 사회, 돈을 우선시하는 사회 속에서 매우 강력한 힘을 발휘하는 감정들이에요. 따라서 이런 감정들을 경제가 돌아가게 하는 원동력으로 보고 매우 긍정적으로 평가한 사람들이 있었어요.

나의 욕망이 사회의 원동력
▼

내가 자부심을 느끼려면 일단 원하는 것을 소유해야 해요. 그런데 내가 원하는 것은 남도 원한다는 게 문제예요. 그럴 때 힘이 센 사람이 약한 사람의 것을 강제로 빼앗을 수도 있겠지요? 이때 우리에게 필요한 것이 바로 법이에요. 남들이 원하는 것을 내가 갖고 싶어 하는 것은 괜찮지만 그 마음이 남의 것을 빼앗는 행동으로 이어지지 않도록 하는 것이 법의 역할이지요.

그런데 영국의 법은 이상했어요. "코에 걸면 코걸이, 귀에 걸면 귀걸이."라는 말처럼 자신이 원하는 대로 해석되고는 했지요. 대표적인 예가 '진gin'이라는 독한 술 중독 문제였어요. 네덜란드에서 들어온 진은 가난한 서민들이 주로 마시던 술이었어요. 포도주나 맥주보다 저렴하고 빨리 취했거든요. 장시간 노동으로 지친 하루를 달래면서 잠시라도 불행한 처지를 잊는 데 최적인 술이었죠. 하지만 이 술에 중독되어 건강을 망치고 가정도 망치는 사례가 계속 발생했어요. 무엇보다 그렇게 술에 취해 출근을 하지 않는 사람들이 늘어나니 사

가난한 사람에게 남은 돈벌이 수단은 몸뿐이었어요. 그런 그들이 진에 중독되어 몸이 망가지고 일할 의욕까지 잃어 가자 진 중독이 사회 문제로까지 여겨졌어요.

업가 입장에서도 걱정이 많아졌지요.

하지만 진을 금지하는 법안은 만들어지지 않았답니다. 바로 '돈을 벌 자유는 신성하다.'라는 이유 때문이었어요. 진을 사고파는 주류 업계의 자유를 보장해 주어야 한다는 이유로 정부의 개입을 막은 것이었지요. 같은 이유로 당시 영국 사회에서는 성매매도 법적으로 통제하지 않았답니다.

이렇듯 각종 사회 문제가 생겨나도 사람들은 영국이 참 잘 돌아가는 사회라고 했어요. 경제적 관점에서 보면 돈이 잘 돌아서 돈을 잘 쓰는 사람들도 늘어나 긍정적으로 보였기 때문이죠. 마치 오늘날 대한민국에서 '경제 성장이 최고의 가치'라고 말하는 사람들의 주장과 비슷하지요.

이러한 주장을 펼친 대표 철학자가 버나드 맨더빌이에요. 맨더빌은 저서 『꿀벌의 우화: 개인의 악덕, 사회의 이익』에서 진 판매와 성매매는 사적으로 보면 악이 맞지만, 사회 전체적으로 보면 이익이니 그대로 내버려 두어야 한다고 주장했어요. 경제적 가치를 더 중요하게 여긴 주장이죠. 또한 성매매에 대해서는 이런 논리를 펼쳤어요.

시골에서 런던으로 올라온 순진한 아가씨가 하녀로 일하다가 남자 주인 때문에 몸을 망치고, 길거리에서 몸을 파는 처지가 되는 경우를 보면, 나도 개인적으로는 안타깝게 생각해. 그런데 따지고 보면, 그것도 사회적으로는 이득이야. 첫째, 장가 못 간 젊은 사내들이 그렇게 성욕을 해소하지 않으면 멀쩡한 집 딸을 겁탈하려 들겠지? 이 친구들한테 성욕을 자제하라고 설득할 거야? 그게 되겠냐고. 인간이란 원래 욕망에 이끌리는 존재인데. 둘째, 몸을 팔아서 먹고 살려면 옷이나 화장품에 돈을 써야 하잖아. 그런데 성매매를 금지해 봐. 옷과 화장품 비즈니스가 상당히 타격을 받지 않겠어?

맨더빌은 심지어 도둑질도 사회적으로 이익이라고 했어요. 도둑이 무서우면 사람들은 문과 열쇠를 더 단단하게 만들려 할 것이고, 그러면 관련 종사자들의 사업이 번창할 테니까요. 도둑질 덕에 경제가 성장하는 것이지요. 좀 지나친 논리 같나요? 물론 이런 맨더빌의 주장에 대해 반대하는 사람들도 당연히 있었답니다. 조금 후에 그들을 소개할게요.

'보이지 않는 손' 덕분에 발전하는 나와 사회
▼

지금까지 나왔던 주장들을 정리해 볼까요?

나에게 원래 타고난 가치관은 없어. 그저 살면서 겪은 느낌들이 나의 바탕이 되는 것이지. 그리고 나는 욕망하는 존재야. 남이 즐기는 것을 나도 즐기고 싶어서 움직이거든. 그것을 얻을 때는 자부심을 느끼고, 못 얻으면 심한 모욕감에 시달리지. 이런 '나'들이 우글우글 모여 사는 도시에는 갖고 싶고, 하고 싶은 일이 얼마나 많은지 몰라. 내가 가만히 있으려 해도 광고 때문에 자꾸 그런 물건들을 원하게 되는걸. 그리고 사람들은 모두 다 똑같은 마음을 가지고 있어서 원하는 것을 갖고 자부심을 느끼고자 돈을 벌려고 해. 남의 건강을 망치는 물건을 파는 것도, 자신의 몸을 파는 것도, 남의 돈을 훔치는 것도 다 그래서 아니야? 결국 그 덕에 영국이 잘 사는 사회인 거잖아.

여러분, 이렇게 정리하고 보니 익숙한 경제 논리가 보이지 않나요? 앞에서도 이야기한 소위 '경제학의 아버지'라고 불리는 애덤 스미스의 '보이지 않는 손' 말이에요.

자유 시장 경제는 국가가 쓸데없이 개입하지 말고, 그대로 놔두면 알아서 질서를 유지하게 되어 있어. 개인 사업가들이 각자 이익을 열심히 추구하다 보면 마치 뒤에서 '보이지 않는 손'이 모든 걸 지휘하듯이 저절로 사회 전체의 이득이 늘어나지.

스미스도 흄이나 홉스, 맨더빌과 마찬가지로, '나'를 '욕망하는 존재'로 파악했어요. 언제나 지금 처지에 만족하지 않고, 보다 나은 것을 욕망하며 끝없이 노력하는 존재가 인간이라고 했지요. 그러한 인간들이 구성원으로 있는 사회가 발전하고, 경제가 성장하는 것은 당연한 결과이고요.

그런데 죽을 때까지 만족하지 못한 채 계속 노력해야 하고 남들과 경쟁해야 한다면 삶이 불행하지 않을까요? 계속 욕망만 하고, 남들을 시기하며 가진 것에 만족하지 못한다면 행복하지도 않을 테고요. 이제 이런 생각에 반대하는 사상가들을 만나 보기로 해요.

나는 어떻게 해야
행복해질 수 있을까요?

남과 어울려야 행복한 '나'

▼

　지금까지 소개한 사상가들의 주장에는 '나'가 남과 경쟁하는 관계라는 생각이 내포되어 있어요. 그런데 여러분에게는 소중한 사람이 있지 않나요? 피로 이어진 부모님, 형제자매뿐만 아니라 힘들게 사귄 친구들도 여러분에게는 중요한 사람들이지요. 이렇게 모두에게는 저마다 소중한 사람이 있는데 과연 사람들은 서로 기회만 되면 상대방을 누르려고만 할까요? 조금이라도 상대방이 나보다 잘나면 심한 모욕감을 느끼고요? 그렇다면 과연 세상을 행복하게 살 수 있을까요?

이런 의문을 가진 철학자가 제3대 섀프츠베리 백작이에요. 그는 앞에서 이야기한 존 로크에게서 가르침을 받아 인간의 '느낌'과 '경험'을 중시했어요. 하지만 그의 스승과는 다르게 사람은 태어날 때부터 남들과 같이 어울리고 싶은 감정, 즉 사회성을 갖고 태어난다고 주장했지요. 인간은 사회적 존재라고 말한 거예요.

그가 저서 『인간, 풍습, 의견, 시대의 특징』에서 한 주장을 오늘날의 상황에 빗대어 쉽게 풀어 볼게요.

인간이라면 누구나 행복하게 살고 싶어 해. 즐거움과 쾌락을 원하지 않는 사람이 어디 있겠어? 그런데 남들과의 경쟁에서 이겨 돈을 많이 번 사람들은 어떻게 살까? 처음에는 기분이 좋을지 모르지. '아, 남들이 못 먹는 걸 나는 실컷 먹는구나!' 하고 자부심을 느낄 테니까. 하지만 그게 오래 가질 못해. 매일 세 끼를 비싼 호텔 레스토랑에 혼자 앉아 별의별 맛있는 요리를 시켜서 먹는다고 해봐. 정말 맛있을 거 같니? 분식집에서 친구들과 같이 앉아서 떡볶이를 먹으며 수다 떠는 게 더 행복하지 않겠어? 집에서 가족들과 김치볶음밥을 같이 만들어 먹으면서 정을 나누는 게 더 낫지 않아? 돈이 많아도 자기 혼자 비싼 음식을 사먹는 것보다 그 돈을 이용해 친구들에게 맛있는 음식을 사주는 것이 더 기분이 좋을 테고. 남들하고 경쟁해서 이겨 돈을 많이 번 사람들이 어떻게 사는지 봐봐. 자기가 번 돈을 끌어안으며 돈을 친구 삼아 지낼까? 누군가 돈을 훔쳐 갈까 봐 밖으로 나가지도 않고? 아니지. 그 돈으로 여기저기 모임에도 가고, 사람들의 박수를 받고자 정치인으로 변신하기도 하고, 애인으로부터 '멋있다.'는 소리를 들으려고도 하지 않겠어? 돈이 친구가 될 수는 없잖아. 사람들은 돈이 아니라 다른 '사람'들이 필요한 거야. 그것도 나를 좋아하는 사람들 말이야. '나'는 그런 존재야. 정을 주고받고 싶어 하는 존재. 그래서 약속도 지키고 의리도 지키는 거지. 그냥 남들과 사는 것이 아니라, 남들과 즐겁게 어울려서 행복하게 살고 싶어 하는 존재라고.

"나는 누구인가?"라는 질문에 섀프츠베리는 "'나'는 남과 어울리고 싶어 하는 존재이다."라고 대답했어요. 18세기 영국 사회는 정치적으로나 경제적으로나 '자유롭게' 경쟁하는 사회였어요. 능력껏 돈을 버는 자유를 가장 중요하게 여긴 사회였지요. 그런데 이렇게 냉혹한 경쟁을 하다 보면 경쟁에서 이긴 사람들도 어딘가 가슴이 허전하고 허무한 느낌이 들기 마련이에요. 패배한 사람의 마음이 괴롭다는 것은 설명할 필요도 없고요.

승리한 사람은 어떨까요? 성공을 하려고 이기적으로 살다 보니 친구가 하나둘 없어진 사람을 예로 들어 볼게요. 아무도 진정으로 그를 축하해 주는 사람은 없어요. 겉으로만 아부를 하지, 속으로는 다들 그를 시기하고 미워해요. '그'를 좋아하는 게 아니라 '그의 재산'을 좋아하는 거니까요. 그래서 그가 죽을 때 진심으로 슬퍼할 사람이 하나도 없어요. 이런 처지라면 무슨 행복을 느낄 수 있겠어요?

그래서 백작은 폭군 역시 불합리한 명령을 내리면서도 신하들이 진심으로 충성하는 걸 보고 싶어 한다고 했어요. 경쟁 사회에서 사람이 욕망하고 시기하기만 하는 존재라면 내 옆에 있는 사람도 '나'를 좋아하는 게 아니라 '내 재산'을 좋아하는 거니까요.

마지막으로 섀프츠베리는 서로를 경쟁하는 상대로만 생각하지 말고, 기쁜 일에는 기뻐해 주어야 한다고 말했어요. 경쟁에서 이기는 것만이 행복이 아니라고요. 많은 이들이 그의 글을 읽고 공감한 이유가 바로 여기에 있었어요. 돈과 경쟁, 이익이 전부라는 목소리가 커질수록 그것들이 나의 행복을 보장해 주지 않는다는 것을 뼈저리게 느끼고 있었으니까요.

누군가의 슬픔에도 같이 울어줄 수 있는 존재가 '나'예요
▼

"죽을 때까지 새로운 욕망에 시달리는 게 인간이다."라고 말한 애덤 스미스도 비슷한 주장을 했어요. 『국부론』을 발표하기 10여 년 전에 쓴 『도덕 감정론』에서 그는 "아무리 이기적인 사람이라고 해도, 다른 사람이 행복하면 같이 기분이 좋고, 불행하면 같이 슬퍼한다."라고 말했습니다. 나에게는 태어날 때부터 '도덕적인 감정'이 존재한다고 한 것이죠. 이것은 꼭 '고상한 사람'들만이 아니라 인간이라면 누구건 자연스럽게 타고난 감정이에요. 우리가 영화를 볼 때 행복하게 끝나면 기뻐하고, 비극적으로 끝나면 슬퍼하는 이유가 그 때문이고요. 심지어 가장 흉악한 범죄자도 그런 감정을 약간은 가지고 있다고 애덤 스미스는 말했어요.

그런데 애덤 스미스가 말한 도덕적인 감정은 '충' '효'와 같은 가치관과 달라요. 서커스 관람을 예로 들어 볼게요. 우리는 외줄타기하는 사람을 보면 그 사람의 몸이 흔들릴 때마다 자기도 모르게 움찔움찔하거나 깜짝 놀랄 때가 있어요. 그러한 '감정' '느낌'이 도덕적인 감정이랍니다. 길거리에서 구걸하는 걸인을 보고 느끼는 동정심, 좋은 휴먼 다큐멘터리를 볼 때 느끼는 감동도 비슷한 예이고요.

우리는 왜 이런 '도덕적 감정'을 느끼는 걸까요? 바로 '나'라는 존재가 '남'이 겪는 것을 보면서 '나도 저런 상황이라면 힘들 텐데 또는 기쁠 텐데.' 하고 상상하기 때문입니다. 여러분이 텔레비전에서 마라톤 중계방송을 본다고 가정해 볼게요. 보통 제일 먼저 들어온 사람이 숨이 너무 가빠서 자리에 쓰러지는 경우가 있어요. 그걸 보면서 우리는 '아, 얼마나 힘들까?' 하고 생각하지요. 꼴찌로 들어온 사람을 보면서는 '아, 참으로 안쓰럽다.' 하고 느끼기도 하고요. 선수들이 받을 느낌을 상상해 보며 공감하는 것이지요. 이러한 상상력 덕분에 우리는 영화나 드라마를 보면서 주인공과 같이 울고 웃을 수 있는 것이랍니다.

이처럼 애덤 스미스는 내가 직접 겪지 않아도, 전혀 모르는 사람의 일이어도 공감할 수 있는 이유가 사람에게 도덕적 감정이 내재되어 있기 때문이라고 보았어요. 그래서 후에 '보이지 않는 손'이라는 경제 원리를 발표했던 것이에요. 사람들이 기본적으로 타인의 감정에 공감할 줄 아는 선한 존재이기 때문에 나쁜 짓을 하지 않고 돈을 번다고 생각했기 때문이죠. 자연스레 사회는 긍정적으로 발전할 테고요.

마지막으로 스미스는 '내 안에 있는 또 다른 나' 즉 '양심'을 누구나 가지고 있다고 믿었어요. 그래서 내가 어떤 욕망을 갖거나 어떤 행동을 하려고 할 때 양심이 그것을 지켜보면서 '그런 마음은 나쁜 게 아닐까?' 아니면 '그래, 아주 잘했어!'와 같은 판단을 한다고 보았지요. 다시 말하면 '내 안에 있는 나'가 관찰자로서 눈앞에 보이는 상황에 대해 내가 이기적인 행동을 하지 않도록 공정한 판단을 내린다는 거예요.

사회에 공헌하도록 이끄는 나의 도덕적 감정
▼

그렇다면 나의 도덕적 감정대로 행동하면 어떤 이득이 있을까요? 18세기 영국인 사업가 토머스 코럼의 이야기를 해줄게요. 코럼은 맨더빌의 주장처럼 돈을 좇아 젊은 시절을 보낸 인물이에요. 일찍이 미국으로 가서 사업으로 성공하여 상당한 재산을 모은 다음 고국으로 돌아왔지요. 지금까지 번 돈을 쓰며 편안하게 여생을 즐길 계획을 세우고요.

그러나 그가 영국 런던에 도착하자마자 목격한 광경은 비참했어요. 수많은 고아들이 길거리를 떠돌면서 밥을 달라며 울어대고 있었지요. 당시 런던에서는 많은 여성들이 일자리를 찾아 시골에서 올라왔다가 이런저런 이유로 원치 않는 아기를 갖게 되는 일이 비일비재했어요. 하지만 아기를 낙태하는 것은 불법이었습니다. 제대로 된 관련 의학 기술도 없던 때였고요. 결국 많은 여성들은 아이를 낳은 후에 몰래 길거리에 버릴 수밖에 없었고, 그 결과 런던 거리는 고아들로 넘쳐 났던 것이지요.

코럼 안에 있는 '또 다른 나'는 그렇게 버려진 아기들의 울음을 무시하지 못했어요. 코럼으로 하여금 본인의 재산을 기부하고 돈 많은 귀족들을 찾아다니며 호소하도록 만들었지요. 그 결과 마음 착한 귀부인들, 당대 유명한 예술가들이 도와주면서 1739년 런던에 고아원 '파운들링 호스피털'을 세울 수 있었답니다. 덕분에 길가에 버려져 죽을 뻔한 수많은 고아들이 건강하게 자라 사회의 일원이 되었어요.

코럼이 만약 자신의 양심이 말하는 소리를 무시했더라면, 흄과 맨더빌이 주장하는 욕망에 따라서만 살았더라면 런던의 그 수많은 고아들은 어떻게 되었을까요? 코럼의 고아원 설립은 이기심과 돈, 경쟁과 장사에 몰두하던 18세기 영국 사회에서 '도덕적 감정'이 승리한 대표적인 사례랍니다.

토머스 코럼은 돈을 좇아 살던 평소의 행동을 버리고 도덕적 감정이 이끄는 또 다른 나를 발견한 결과 수많은 고아들의 생명을 살려 냈어요.

역사와
미래를 바꾸는 원동력, 자기 발견

18세기 영국 사람들이 바라본 노예 제도
▼

앞에서 저는 '돈을 벌 자유는 신성하다.'라는 주장이 18세기에 영국 사회에서 강력한 힘을 발휘했다고 말했어요. 그런데 '돈을 벌 신성한 자유'가 사회 문제를 일으키는 것을 넘어서 인간의 자유를 빼앗으면 어떻게 해야 할까요?

18세기 영국 사회는 '노예 무역'을 좋은 사업이라고 생각했어요. 그렇게 생각할 만도 했지요. 농장주들은 일반 영국인 노동자보다 싼 값에 노동력을 제공받고, 무역선들은 노예들을 팔아 수십 배의 이익을 남겼거든요.

자, 영국에서 든든한 배 한 척이 바다로 나갑니다. 쇠붙이와 함께 칼, 총 같은 무기들을 싣고 말이죠. 어디로요? 서부 아프리카 연안으로요. 거기에 도착하면 아프리카 사람들을 잡아다가 노예로 파는 아프리카인 업자들이 있어요. 그들에게 총과 칼, 쇠붙이 등을 주고 노예들을 사옵니다. 이제 배는 무기가 아니라 노예들로 가득 채워져요.

그다음 행선지는 카리브해 군도에 있는 영국 식민지 섬이나 북미 대륙의 영국 식민지 항구들이에요. 그런데 항해 중에 배에 타고 있던 노예 3분의 1 정도가 병에 걸리거나 선원들에게 반항하다 죽어 버려요. 그런데도 선장은 이 정도 손실은 예상했다며 이번 항해가 성공적이라고 생각해요.

식민지 항구에 노예를 실은 배가 도착하자 백인 농장주들은 각자 필요한 노예를 사기 시작해요. 대개 아프리카 고향에서 같이 살던 형제나 부모 자식들을 따로따로 사가요. 노예를 파는 사람이나 사는 사람은 그런 것을 전혀 신경 쓰지 않거든요. 그저 한쪽에서는 가급적 비싸게 팔려고 하고, 다른 쪽에서는 가급적 싸게 좋은 노예를 사려고 할 따름이지요. 물건을 거래할 때처럼요.

노예들이 팔리고 남은 배의 빈자리에는 식민지 농장에서 생산한 담배나 설탕이 실려요. 노예를 판 대금으로 산 것이지요. 농장 주인들은 담배나 설탕을 팔고 받은 돈으로 노예를 사는 것이고요. 소위 누이 좋고 매부 좋은 거래예요.

이제 배는 다시 영국으로 돌아갑니다. 선장은 영국에 도착해서 싣고 온 담배와 설탕을 도매상인들에게 팔아요. 다 팔고 남은 이익을 계산해 보니, 처음 영국을 떠날 때 투자한 것보다 수십 배에 이르는 돈이 남았어요. 개인 투자자들은 이 돈으로 선원과 선장에게 봉급을 주고 투자한 만큼 나머지를 나눠 가져요. 그 돈으로 좋은 집도 사고, 결혼도 하고, 자식 공부도 시키는 등 여유를 즐기지요.

노예 무역에 관여하지 않은 사람이라도 담배, 설탕 등을 싼값에 살 수 있어서 좋아해요. 노예가 생산했기 때문에 영국 노동자들이 생산한 것보다 싸게 팔아도 이윤이 많이 남거든요. 그러니 "노예 제도에 문제가 있어도 우리한테는 유익한 것 아니요?"라고 주장하는 사람들의 목소리가 큰 힘을 얻을 수밖에 없는 시대였어요.

기존의 사회 체제를 흔든 나에 관한 생각
▼

그런데 존 웨슬리라는 목사가 나타나 "노예도 우리와 똑같은 인간입니다!"라고 주장했어요. 감리교회를 창시하기도 한 그는 예수 그리스도의 교리를 널리 퍼뜨리는 것을 업으로 삼았던 인물이에요. '가난하고 병들고 약한 사람들 편에 서라.' '이웃, 심지어 원수도 사랑하라.'는 예수의 가르침을 도덕적 감정의 기준으로 삼는 그가 노예 제도를 폐지해야 한다고 주장한 것은 자연스러운 일이었지요. 예수의 입장에서 보면 사람을 물건처럼 사고팔고 짐승처럼 채찍질하며 사탕수수 농장에서 부려 먹는 것이 '신성한 자유'일 리 없었으니까요.

하지만 당시 사람들은 이런 생각을 바로 받아들이지 못했어요. 근본적으로 미개하다고 생각한 흑인이 자신과 동일하다는 주장을 모욕적으로 느끼는 백인도 많았지요. 특히 직접 노예들을 사고팔고, 자신의 농장에서 부리는 사람들은 더더욱 그랬고요.

웨슬리는 물러서지 않았어요. 노예를 부리는 일은 돈보다 더 중요한 사람의 인간성과 영혼을 병들게 한다고 주장했지요. 무엇보다 영국 사회의 긍정적인 발전을 위해서라도 없애야 하는 제도라고 말했어요. 한 나라의 명예는 부가 아니라 정의로운 나라일 때 나오는 것인데 노예 제도가 영국을 망치고 있다고 보았거든요.

그의 이런 주장에 많은 정치인, 성직자, 평범한 주부들이 동의했어요. 그리고 노예 해방 운동을 하는 시민 단체를 결성했지요. 그들은 설탕을 안 사고 안 먹는 '설탕 보이콧'을 시작하며 노예제 폐지 운동을 펼쳤답니다. 운동의 구호는 다음과 같았어요.

"노예인 나도 여러분의 형제가 아닌가요?"
"네, 여러분은 내 형제입니다, 여러분이 나입니다"

힘겨운 싸움 끝에 마침내 1807년 의회에서 노예 무역 폐지 법안이 통과되었습니다. '나'에 대한 새로운 생각이 역사를 바꾼 거예요. 18세기 영국 사회에서 나온 나에 관한 다양한 생각 중 하나인 '도덕적인 감정에 의해 남의 일에도 울고 웃는 나', 그리고 '남'은 '나'라는 생각으로 발전한 결과이지요. 그래서 노예제 폐지 운동에 참가한 사람들은 전혀 자신과 상관없는 카리브해 섬의 농장과 미국 농장에서 중노동을 하는 흑인 노예들의 아픔과 고통을 나의 것으로 받아들여 공감하고 슬퍼할 수 있었던 거예요. 스미스가 말한 '도덕적인 감정'을 완전히 무시했다면 노예를 짐짝처럼 쇠사슬에 묶어 놓고, 농장에서 짐승처럼 부려 먹기만 했을 텐데 말이죠. 궁극적으로 그들은 진정한 '나'를 발견하고 '남'을 위해 헌신하는 데에서 삶의 의미를 찾았던 것입니다.

존 웨슬리는 미국에서 생활하면서 흑인 노예들이 얼마나 인간적으로 훌륭한지 목격했어요. 그래서 미국과 영국을 여행하며 흑인 노예들의 자유를 주장하고 사람들을 설득했지요.

여러분이 어떤 나를 꿈꾸는지에 따라 미래가 달라져요

▼

18세기 영국은 오늘날 우리가 살고 있는 사회의 표본이라고 말할 수 있어요. 당대 사람들에게 낯설고도 새로운 문물이던 의회 민주주의, 언론의 자유, 자유로운 시장 경제, 대도시 생활, 세계 무역, 자선 단체와 시민운동 등은 모두 현대 사회에 뿌리내리고 있는 것들이니까요.

우리가 살고 있는 지금 시대에도 새로운 것들이 끊임없이 등장하고 있어요. 하지만 그때나 지금이나 변하지 않는 것은 사람들이 끊임없이 욕망하고, 돈을 벌기 위해, 경쟁에서 이기기 위해 치열하게 살아간다는 점이에요.

그래서 저는 이 말만큼은 당부하고 싶어요. 여러분이 늘 '내 것'만 챙기고 '나' 홀로 즐겨서는 진정한 행복을 누릴 수 없어요. 여러분은 친구들과 같이 보내는 시간이 즐겁지요? 어떤 때는 불쌍한 사람들을 보고 돕고 싶다는 생각도 들 거고요. 모든 사람이 이기적으로만 살아간다면 사회는 정상적으로 돌아갈 수 없을 거예요. 나 자신도 진정한 행복을 느끼지 못할 거고요. 그러니 여러분이 '어떤 나'를 꿈꾸게 되는지에 따라 얼마든지 행복해질 수 있답니다. 욕망만을 좇으며 살아갈지, 남들과 어울려 살아가는 것을 택할지에 따라 사회뿐만 아니라 역사도 좋은 방향으로 움직일 수 있지요.

마지막으로 17세기 영국의 시인이자 성직자인 존 던의 글을 쉽게 풀어 소개하며 이 글을 마무리하겠습니다. 이 책을 다 읽은 여러분에게 주는 저의 선물이에요.

인간은 그 누구도 홀로 서있는 섬이 아닙니다. 모든 사람은 대륙의 일부에요. 만약에 흙 한 덩어리가 바다로 씻겨 나간다면, 유럽 대륙은 그만큼 작아집니다. 언덕 하나도 사라지지요. 당신의 친구가 갖고 있는 큼직한 땅이나 당신의 땅 또한 마찬가지고요. 어떤 이가 죽더라도 그만큼 나의 세계는 줄어듭니다. 왜냐하면 나는 인류 전체와 한데 묶여 있으니까요. 그 사람의 죽음은 내 죽음이기도 합니다.

• 나보다 어려운 사람의 입장에서 일기를 써볼까요? 가난한 나라에 사는 사람도 좋습니다. 자신을 그 사람이라고 생각하고 일기를 쓰면서 현재의 내가 그들을 위해 무엇을 할 수 있는지 생각해 봅시다.

10대, 나의발견

초판 1쇄 인쇄 2017년 8월 1일   **초판 10쇄 발행** 24년 1월 10일

지은이 윤주옥 · 김민식 · 박영 이레네 · 연규동 · 김영희 · 윤혜준
그린이 이지희   **펴낸이** 김종길   **펴낸곳** 글담출판사
편집 이경숙 · 김보라
디자인 손소정   **마케팅** 성홍진   **홍보** 김지수   **관리** 이현정

출판등록 1998년 12월 30일 제2013-000314호
주소 서울시 마포구 월드컵로 8길 41
전화 (02)998-7030   **팩스** (02)998-7924
이메일 geuldam4u@geuldam.com   **페이스북** www.facebook.com/geuldam4u
블로그 http://blog.naver.com/geuldam4u   **인스타그램** geuldam

ISBN 979-11-86650-37-0   43190
책값은 뒤표지에 있습니다.   잘못된 책은 바꾸어 드립니다.

이 도서의 국립중앙도서관 출판시도서목록(CIP)은 e-CIP홈페이지(http://www.nl.go.kr/
ecip)와 국가자료공동목록시스템(http://www.nl.go.kr/kolisnet)에서 이용하실 수 있습니
다. (CIP 제어번호 : CIP2017017920)

글담출판에서는 참신한 발상, 따뜻한 시선을 가진 원고를 기다리고 있습니다. 원고는 글담출판
블로그와 이메일을 이용해 보내주세요. 여러분의 소중한 경험과 지식을 나누세요.
블로그 http://blog.naver.com/geuldam4u   **이메일** geuldam4u@geuldam.com